Como Encontrar a Pessoa Certa Para Amar

Michael

Como Encontrar a Pessoa Certa Para Amar

Tradução
EUCLIDES L. CALLONI
CLEUSA M. WOSGRAU

EDITORA PENSAMENTO
São Paulo

Título do original:
Finding Mr. or Mrs. Right

O primeiro número à esquerda indica a edição, ou reedição, desta obra. A primeira dezena à direita indica o ano em que esta edição, ou reedição, foi publicada.

Edição	Ano
2-3-4-5-6-7-8-9	00-01-02-03-04-05

Direitos de tradução para a língua portuguesa
adquiridos com exclusividade pela
EDITORA PENSAMENTO LTDA.
Rua Dr. Mário Vicente, 374 – 04270-000 – São Paulo, SP
Fone: 272-1399 – Fax: 272-4770
E-mail: pensamento@cultrix.com.br
http://www.pensamento-cultrix.com.br
que se reserva a propriedade literária desta tradução.

Impresso em nossas oficinas gráficas.

Sumário

Dedicatória

Dedicado à minha encantadoramente bela
PESSOA CERTA, MARIA,
e ao nosso filho de seis anos,
John Mathew Michael

❤

Apresentação

Quem está procurando a PESSOA CERTA? Quase todos! Todos temos uma imagem interior ou uma imagem definida conscientemente, uma representação quase gráfica do companheiro ou da companheira perfeita que queremos. É mais do que natural que queiramos encontrar e unir-nos a esse parceiro ou parceira. Se você está em busca da PESSOA CERTA, tenho certeza de que este livro foi literalmente "feito sob medida para você!"

Meus dois *best-sellers* anteriores, *Como Encontrar sua Alma Gêmea*, e sua seqüência, *Sua Alma Gêmea Está Chamando* (até o momento publicado em nove das principais línguas do mundo), geraram milhares de comoventes cartas enviadas de todas as partes do globo. Meus leitores, na grande maioria, estão tentando transformar em sua alma gêmea alguém que já conhecem, pois não têm paciência de esperar ou de atrair a si a PESSOA CERTA perfeita! Você também está fazendo isso?

Não é tão simples assim transformar alguém na sua alma gêmea. A dinâmica natural interna e externa — criada por você e pela pessoa certa — pode ou não estar presente. Caso não esteja, haverá um lamentável desperdício de tempo, seu e dela. Por que perder mais tempo com uma coisa que não funciona? Solte as amarras desse relacionamento impossível, pois ele obviamente não leva a lugar nenhum, e geralmente é um "verdadeiro inferno".

A vida é muito boa para desperdiçá-la correndo atrás de alguém que não lhe corresponde, mesmo que você sinta ou imagine nutrir uma grande paixão por essa pessoa. *Isso não é amor!* Essa é uma energia pessoal preciosa, gasta de forma inútil e geralmente deplorável, e que poderia ser muito mais bem aproveitada descobrindo quem e o que você realmente é e de quem ou de que você realmente precisa para se sentir plenamente realizado e feliz. Além de "libertá-lo", o conhecimento pode torná-lo física e mentalmente saudável e guiá-lo para transformar em realidade seus sonhos mais belos e ardentes! A pessoa certa anseia por você tanto quanto você anseia por ela. A única condição é você saber o que realmente quer. Combine essa condição com o que você sabe sobre o modo de aumentar seu poder de atração ou seu magnetismo pessoal e você estará no caminho certo.

Corte as amarras doloridas que o prendem ao passado. Seja o espírito humano livre e solto que pode preencher cada momento da vida tanto com um grande amor dado como com um *grande amor recebido*. Se você ainda estiver vivo — e se ainda habitar um corpo humano — suas possibilidades de encontrar e de realizar uma união de alma com a pessoa certa é humanamente possível. Por isso, acompanhe-me e *faça isso acontecer!*

MICHAEL

♥

Capítulo 1

Em Busca do Homem Certo

Seja você jovem ou mulher madura, sua busca do homem certo já começou. Na verdade, a televisão e os meios de comunicação modernos não só apequenam toda a Terra mas também fazem com que as próprias crianças procurem precocemente seu "amor". Tudo neste planeta está em ritmo extremamente rápido. O que era impensável anos atrás, hoje se transformou em moda, literalmente. Há 25 ou cinqüenta anos, quem imaginaria que nos dias atuais blusas e vestidos transparentes seriam usados em público e apresentados tão profusamente em desfiles de moda por todo o mundo?

Seja qual for sua idade, como mulher, você vive num mundo em que são possíveis os excessos e a liberdade total de se vestir como lhe aprouver. Há 75, oitenta anos, havia policiais encarregados de medir o comprimento dos vestidos das mulheres — se fossem muito curtos, a usuária podia ser multada ou presa, ou as duas coisas ao mesmo tempo!

É minha convicção de que homens e mulheres deveriam ser capazes de tomar suas próprias decisões sobre o tipo ou comprimento das roupas que vestem. Se "códigos de vestuário" são criados, que fiquem limitados às instituições privadas, e que não se apliquem aos ambientes públicos. O modo como você se veste ou deixa de se vestir define quem você atrairá ou repelirá, mas isso *depende exclusivamente de você* — e não do governo, da Igreja ou da consciência "social".

Provavelmente, até agora, sua busca do homem certo a tem levado a muitos lugares e ambientes estranhos. No entanto, eu ficaria muito surpreso se você tivesse realmente encontrado o seu fantástico homem certo. Ou talvez você tenha encontrado o homem certo, mas ele morreu, e agora você procura outro para animá-la e preenchê-la. Se esse for o caso, isso mostra que você ama a si mesma, o que também é raro na civilização atual.

Sem dúvida nenhuma, seu homem certo existe e a está esperando! Ele está tão ansioso por estreitá-la em seus braços, com suavidade e vigor, quanto você almeja ser abraçada e amada. O homem certo está bem mais perto do que você imagina — na verdade, *ele já está em sua mente!*

Todos os "eventos" tridimensionais têm início no que se conhece como "intenção no tempo". As várias *intenções no tempo* acabam se manifestando em alguma realidade sua como um "evento no tempo". O ponto principal a apreender é que não há *eventos* universais ou humanos sem *intenções* universais ou humanas que os antecedem!

Sua *intenção* de encontrar o homem certo já criou uma onda ou ondulações na criação cósmica. O homem certo que no momento espelha ou reflete seu estado de consciência já sabe que você o está procurando — em algum nível do ser dele. Sua busca começou com seu desejo ardente de "materializar" o homem certo na sua existência. Ela terminará em breve, desde que você siga as orientações que delineio neste livro. As idéias que apresentarei são fáceis de ser entendidas, e as técnicas para *materializar* o homem certo ou a mulher certa foram devidamente comprovadas por centenas de milhares de leitores dos meus livros. Você encontrará o homem certo! Ele está convergindo para o mesmo tipo de "evento" extático. A energia de duas pessoas que se concentram indivisamente num mesmo propósito ou objetivo é regida por um quadrado perfeito. Isso significa que a força cumulativa para alcançar esse objetivo agora está quadruplicada, ou é quatro vezes maior do que se você tentasse sozinha. Tudo o que você precisa saber e aprender agora é ligar-se mais profundamente, em consciência, com o homem certo. A maneira de fazer isso será revelada neste volume. Sugiro que você leia também o capítulo seguinte, Em Busca da Mulher Certa.

Uma última observação: apresentarei *Princípios Universais* — de modo que até uma criança de dez anos terá condições de compreender — com o objetivo de conduzir o leitor aos braços ansiosos da pessoa certa. Outros princípios poderão ser encontrados no meu próximo livro, *Princípios Universais*.

♥

Capítulo 2

Em Busca da Mulher Certa

Sendo jovem ou homem maduro, certamente você segue alvoroçado as pegadas da mulher certa. Esse estímulo está nos seus genes e, sem dúvida, exerce uma função importante na consciência social. É certo que o homem repara nas mulheres que encontra — especialmente se estiverem emitindo energias ou expondo atitudes do tipo "Estou Disponível".

No entanto, o homem é clamorosamente insensível ao flerte sutil do sexo oposto. A técnica que ele adota é *olhar fixamente*, o que é um verdadeiro "balde de água fria" para a maioria das mulheres. A mulher, ao contrário, que transformou a arte do flerte numa ciência exata, lança olhares furtivos e provocantes, mexe nos cabelos ou desfila, graciosa, diante do seu pretendente e dispõe de um arsenal de técnicas sutis para despertar o interesse de um homem incauto.

Alguns homens não conseguem reconhecer o flerte feminino em toda uma vida, enquanto outros percebem cada vez com maior perspicácia quando uma mulher lhes envia sinais de que está interessada em relacionar-se com eles.

A maioria dos homens procura uma mulher atraente ou sexualmente complacente em todas as situações da vida. Um rosto bonito ou um andar esbelto é o bastante para que eles olhem embevecidos.

Os homens que não acharam uma companheira cedo na vida freqüentam bares, casas noturnas, salões de dança ou festejos populares em busca da mulher certa. Alguns vão de bar em bar, pedem uma bebida, e se não encontram alguém disponível, esvaziam o copo e continuam sua ronda em outros pontos até alta madrugada, noite após noite. Esse comportamento leva a relacionamentos fortuitos freqüentes e sem nenhuma profundidade. Essa caçada constante e por toda parte, no rastro de uma "saia" acessível, geralmente se revela improdutiva e frustrante, e os homens que a praticam precisam saber que existe um modo muito melhor e mais simples de encontrar a mulher certa.

Há princípios universais eternos que, quando conhecidos, podem fazer com que todos os homens poupem muito tempo e esforços. Esses princípios lhe serão apresentados à medida que você avançar pelas páginas deste livro. E isso vale também para as leitoras. A energia de uma mente concentrada é muito maior do que qualquer força que seus pés ou músculos possam produzir para que você ande ou corra atrás de alguém.

Não se sinta envergonhado ou culpado por não ter encontrado a mulher certa. Muito poucos conseguiram esse feito! Grande parte do que chamamos de casamento, na verdade não o é. Os casais podem até ter pronunciado promessas matrimoniais sagradas, mas em curto período de tempo acabam descobrindo que *não* se casaram com a pessoa certa. Freqüentemente, a vida se transforma num *inferno*, e não no paraíso esperado! No entanto, as convenções sociais dizem que eles devem manter seu vínculo matrimonial, apesar de infelizes.

Afortunadamente, alguns casais tomam consciência do que está acontecendo e se divorciam antes que um dos parceiros destrua o outro. Com freqüência, pessoas "casadas" que ficam juntas "por causa dos filhos" ou por segurança financeira apenas existem. Um parceiro — ou ambos — sente-se totalmente vazio. Por isso, levante as mãos para o céu por não estar nesse tipo de "casamento", ou por não estar mais nele, caso tenha se divorciado.

Sua busca da mulher certa recomeçou no momento em que este livro chegou-lhe às mãos; de minha parte, farei tudo o que for possível para ajudá-lo a encontrá-la.

♥

Capítulo 3

Existe uma Pessoa Certa?

É surpreendente o número de pessoas que desistiram de sua busca da pessoa certa. Obviamente, você não é uma delas. O motivo por que muitas mulheres e homens deixaram de procurar a pessoa certa é que esta parece não existir. Todo homem ou mulher que parece ser a pessoa certa logo se revela "deficiente" em algum aspecto importante. Ela é muito alta ou muito baixa, muito gorda ou muito magra, muito falante ou muito calada, muito jovem ou muito velha, muito pobre ou muito sovina. As razões da rejeição são muitas e, em geral, muito válidas.

Entretanto, em todos os casos mencionados, depois de meses e mesmo de anos rejeitando ou sendo rejeitado, a desesperança acaba formando raízes. Tudo indica que não é possível encontrar a pessoa certa. Talvez ela seja apenas um sonho encantador! Dentre um milhão de mulheres e de homens, talvez apenas um encontre a pessoa certa. Quem sabe, todas as pessoas certas já tenham sido "fisgadas!" Talvez você simplesmente não seja bom o bastante para encontrar a pessoa certa!

É AÍ QUE VOCÊ SE ENGANA!

Existe, definitivamente, uma pessoa certa para você. Tenha certeza disso. Pessoalmente, tenho uma pessoa certa; eu a amo e sou amado por ela, e os dois vivemos felizes hoje. Conheço um número incontável de pessoas que encontraram a pessoa certa e que estão juntas ou que vivem com ela um casamento maravilhoso.

Um dos princípios *humanos* que aprendi muito cedo na vida é que, se alguém conseguiu, eu também posso conseguir! Desde que tomei consciência desse princípio, tive a alegria de ver homens, mulheres e crianças realizarem ações realmente estimulantes, grandiosas e aparentemente impossíveis. Sem a menor sombra de dúvida, sei que existe dentro do meu próprio ser divino o mesmo potencial inato de fazer o que eles fizeram. Assim, em vez de ter inveja ou despeito dos talentos e habilidades alheios, sinto verdadeiro orgulho e alegria por suas incríveis conquistas.

Assim, ainda que um só ser humano tenha conseguido fazer alguma coisa, você ou eu também podemos fazê-la! Se você puder aceitar e compreender a validade desse princípio humano, ele o aproximará rapidamente da sua pessoa certa.

Em resumo... eu consegui. Amigos, colegas de profissão e muitos outros homens e mulheres desconhecidos conseguiram... Então, você também pode conseguir!

Como provaremos num capítulo adiante, *você é muito maior que o seu corpo*! Este princípio humano ou divindade dentro de você possibilita que você *transforme em realidade* tudo o que você *sabe*! Assim, o primeiro grande passo na direção de qualquer criação ou materialização de uma idéia se dá pelo conhecimento *aplicado*. Logo, se você *sabe* que outros encontraram a pessoa certa, você já está "em condições" de atrair a sua pessoa certa para a sua realidade tridimensional.

Certamente, você deve conhecer pelo menos um casal de "almas gêmeas" de sua árvore genealógica, ou talvez já tenha encontrado ou quem sabe lido sobre um casal de pessoas certas. Ou seja, você já é um "conhecedor" qualificado. Novamente, isso significa: se eles conseguiram, *você pode conseguir*, especialmente porque existem muitas e muitas pessoas certas absolutamente perfeitas para *você*!

♥

Capítulo 4

Existe Mais de uma Pessoa Certa?

E*xiste mais de uma pessoa certa?* Sem dúvida! O número de *parceiros perfeitos* para todos é mais do que suficiente. Atualmente, a população da Terra ultrapassa os seis bilhões de pessoas. Seu "alguém especial" está entre elas.

Outro fator importante a levar em consideração é que o princípio do espaço/tempo se desgastou profundamente nos últimos cem anos. Nossos avós e bisavós precisavam de seis meses a um ano para cruzar os Estados Unidos de leste a oeste, ou vice-versa. Hoje, um avião perfaz facilmente essa distância em menos de seis horas.

Praticamente qualquer ponto da Terra, qualquer parte onde se encontrem os outros seis bilhões de seres humanos, pode ser alcançado no prazo de 24 a 48 horas. Centenas de milhões de pessoas vão e vêm de um país a outro a cada hora do dia. A pessoa certa sem dúvida pode ser um desses viajantes...

É um disparate dizer que você foi "posto de lado" nesse cenário global ou que não há uma pessoa certa para você em algum lugar, apesar da numerosa população terrena.

Antes de mais nada, ao procurar alguma coisa, você precisa *saber* o que está procurando. Assim, continuemos e definamos a pessoa certa. O que exatamente é essa pessoa?

Essa pessoa é alguém que *ressoa* com você. A pessoa certa tem gostos e aversões semelhantes, pois ela é um "reflexo" quase perfeito de você mesmo — só que do sexo oposto — como veremos mais detalhadamente no Capítulo 36.

Somos todos universalmente feitos da mesma "substância". O que torna cada um de nós singularmente "diferente" é a pulsação ou freqüência de nossa "onda de luz" ou identidade pessoal. Cada um de nós pulsa ou vibra num ritmo próprio.

Sob outra perspectiva universal, ou visão holística, toda forma de massa, visível ou invisível, é simplesmente uma "pressão" de luz diferente. Toda massa conhecida, seja terra, pedra, metal, fluido, gás, osso, carne, ou qualquer configuração de qualquer forma de vida mineral, vegetal ou animal é feita da mesma "substância" básica. Todos somos diferentes pulsações ou pressões de *luz* — aparentemente "congelada" no espaço. O mais duro aço ou ferro não é diferente — a não ser na pressão ou freqüência de onda — da pele do nosso rosto.

Entretanto, graças ao princípio holográfico universal, todos nós que temos forma ou configuração humana podemos brincar de ver e estar num mundo colossal repleto de formas grandiosas, desde cadeias de montanhas e um sol radiante até as profundezas escuras e gélidas de um oceano e a todas as infindáveis miríades de formas, cores e texturas percebidas em todos os tamanhos e pesos.

O que faz dos bilhões de habitantes da terra uma "família" humana é o fato de que todos somos modelados ou formados dentro do espectro humano de luz incandescente. Andamos juntos ou vivemos em grupos porque todos "retemos" ou contemos uma freqüência humana ou uma pulsação de onda de luz, do mesmo modo que pela ação de um campo de nivelamento giroscópico, a areia na praia se agrupa sob a forma de grãos de areia, e como o ouro é ouro e a água é água.

Uma gota de água pertence à "família" da água e vinte gramas de platina pertencem à família da platina. O que eu quero frisar neste momento é que esse mesmo princípio universal utiliza um princípio de movimento giroscópico exatamente igual para levá-lo até a pessoa certa ou para levar a pessoa certa até você.

São infinitas as possibilidades de você encontrar uma correspondência perfeita com um dos milhares — talvez dos muitos milhões — de seres humanos que têm a idade, a raça, a cor, a altura, o peso, a aparência, a personalidade ou a forma de consciência espiritual certas. Essa pessoa será igual a você em conhecimento e terá aproximadamente os mesmos sonhos, visões e objetivos de vida.

Um dos *princípios universais* mais básicos e sempre atuante reza que "*o universo se reorganiza constantemente para corresponder à imagem que fazemos da realidade*". Assim, quando conhecemos esses *princípios universais* onipresentes, precisamos estar com a atenção sempre voltada para os sentimentos, pensamentos e imagens que afluem à nossa mente a cada momento. Foi isso que criou sua realidade *atual*! Só você pode limitar ou expandir a realidade que você criou para si mesmo.

Na realidade planetária mais abrangente, existe definitivamente uma pessoa certa que anseia por você tanto quanto você suspira por ela! Você vive numa era em que as barreiras do tempo e do espaço foram derrubadas. Você pode estar com seu "alguém especial", mesmo que ele esteja no outro lado do globo, *a menos de dois dias* de distância! Definitivamente, existe mais de *uma* pessoa certa para você sobre a Terra neste momento, e ela almeja tanto estar com você quanto você deseja estar com ela.

♥

Capítulo 5

Duas Ondas de Luz Cruzando-se na Noite

Neste ponto, você e sua pessoa certa são *duas ondas de luz que se cruzam na noite!* Nenhum dos *eus* ou *entidades de onda de luz* tem consciência do outro. Ambos estão querendo, desejando ardentemente, esforçando-se para estar nos braços um do outro, mas não sabem onde o outro "eu reflexo" está. No entanto, desde que você saiba absolutamente que a pessoa certa existe, os meios de um encontrar fisicamente o outro se apresentarão.

Outro princípio universal básico sustenta que aquilo que é *conhecido absolutamente* se transforma em realidade tridimensional... ou aquilo que você conhece absolutamente se materializa absolutamente *para você!* Nisso está a grande vantagem de ser um CONHECEDOR, e não apenas alguém que pensa, crê ou sente. Você sempre *se transforma naquilo que você conhece!*

É por isso que é importante que você leia este livro e reúna o conhecimento pessoal que o levará diretamente à pessoa certa. De outro modo, vocês continuarão apenas como duas ondas de luz que passam uma pela outra, em vez de se unirem amorosamente.

Como o próprio criador de todas as coisas — de todas as pessoas e de todos os eventos da sua vida — você deve reforçar e fortalecer seu conceito ou pensamento de que a sua pessoa certa passe a fazer parte da sua vida. Você cria o seu próprio universo, como veremos mais adiante, no Capítulo 30. Cada detalhe do drama, negativo ou positivo, doloroso ou prazeroso, foi totalmente criado por você mesmo! Você vive num mundo criado exclusivamente por você — *só por você!* Se você não gosta de alguma coisa ou aspecto do seu mundo, *mude-a!* Só você tem a força divina para fazer isso.

A outra *onda* que cruza por você na noite responderá ao seu chamado quando você aceitar totalmente ou souber absolutamente que ela existe. Você pode transformar a pessoa certa em realidade, literalmente, e compartilhar com ela seu tempo e espaço na Terra. Esse poder extraordinário está em você neste exato momento. Basta que você o desperte na sua mente consciente. Desde que você saiba absolutamente que a pessoa certa existe e que está à sua disposição, *ela se tornará realidade!* Em vez de duas ondas estranhas cruzando o éter, vocês se unirão cheios de alegria num dos momentos que hão de vir. *Você pode fazer isso!*

♥

Capítulo 6

Alguém Especial Quer Você

Há um "alguém especial" que quer você. Você já sabe o quanto especial esse "alguém" é, mas isso não é suficiente. Você também precisa saber o quanto você é especial!

Quer saiba ou não, acredite ou não, você é singularmente único. Nenhuma outra "centelha de vida" ou entidade de luz, passada, presente ou futura, pode ser exatamente igual a você. Você passou por todos os caminhos e descaminhos que nenhum outro ser percorreu nem poderá percorrer, pois o passado, com sua "freqüência" única, já se foi e não retornará mais.

Você é singularmente tudo o que vivenciou, sentiu, aprendeu e transformou em autoconhecimento e identidade. Você é literalmente "único no gênero" e ninguém mais tem os aspectos ou o conjunto de características humanas que lhe são próprios. Assim, quando você finalmente se der conta de como é diferente de todos os demais, essa descoberta lhe trará auto-estima e amor-próprio — tão necessários para criar uma carga elétrica suficientemente forte para atrair a pessoa certa.

Pare de andar em círculos; pense e sinta, por um momento, o quanto exatamente você quer que a pessoa certa participe dos seus dias e noites sobre a Terra... É exatamente nessa mesma intensidade que a sua pessoa certa o quer!

Todos os que compreendem realmente o processo criativo lhe dirão que é a *intensidade* do seu *desejo* que determina se, e quando, haverá um acúmulo suficiente de massa para transformar esse desejo em "algo" tridimensional ou num "evento no tempo". Assim, comece a agir imediatamente! Intensifique conscientemente seu desejo a ponto de quase *saboreá-lo*. Como fazer isso? Aprendendo a concentrar e direcionar sua mente, tema que será aprofundado no Capítulo 26.

Sua "tarefa" agora (divirta-se com ela) é procurar conhecer e valorizar o máximo possível o seu próprio eu. Para começar, *saiba* que você não é o seu corpo, nem a sua mente, nem as suas emoções. O *sentimento* é o que melhor pode levá-lo a tomar consciência de quem e do que você realmente é.

Emoções e sentimentos são universos distintos. Podemos dizer que as emoções são como faíscas de fricção ou pontos de irritação no corpo ou na mente. Por outro lado, o sentimento brota ou nasce de sua centelha de vida interior, do seu espírito, da sua alma. Ele é a sua "ligação consciente" com o seu *deus* interior!

Deus, ou a Fonte de "tudo o que existe" (e "de tudo o que não existe"), oculta-se precisamente no *âmago* de toda partícula, onda ou forma de vida existente. Quando você encontra e se liga com o seu eu-deus, você se transforma numa verdadeira usina geradora de energia, de conhecimento e de presença pessoal! Sem dúvida nenhuma, isso o ajudará extraordinariamente a atrair a pessoa certa.

Lembre-se de que a pessoa certa quer sentir, tocar, ver e sonhar com você. Quando a sua intensidade aumenta, ela se soma à intensidade dessa pessoa certa específica (há mais de uma pessoa certa). Quando a força do seu desejo e a força do desejo da pessoa certa atingem o ponto de "massa crítica", ambos "explodirão" na presença consciente um do outro! Assim, o querer ou o desejar é um elemento essencial para atrair a pessoa certa a seus braços ansiosos. *Que isso aconteça rápido!*

♥

Capítulo 7

Solte as Amarras de Relacionamentos Limitados

Uma das características humanas negativas firmemente arraigadas em nossos genes é a de manter os que amamos sob pressão sufocante. Precisamos aprender a soltar essa pressão, pois do contrário pagaremos o preço de uma enorme frustração. Os veterinários e as pessoas que lidam com animais sabem perfeitamente que, quanto mais se prende um animal, mais ele luta para se livrar. A consciência animal nos seres humanos age do mesmo modo. A pessoa que tentamos prender com tantos laços se sente invadida e violada e quer livrar-se dessas amarras.

Dada a nossa natureza, a mulher tem maior facilidade do que o homem para soltar, para afrouxar o controle num relacionamento, embora (novamente por natureza) ela tenda a amar mais do que o homem. As muitas diferenças sutis entre um homem e uma mulher estão apresentadas claramente no meu *best-seller* internacional, *Sua Alma Gêmea Está Chamando*, e por isso não as repetirei aqui. No entanto, nesse aspecto, é importante ressaltar que os homens têm uma dificuldade muito maior para soltar. Isso se deve ao fato de que eles prezam demais suas "posses" e a mulher é geralmente considerada a sua propriedade mais preciosa. Por isso, quando há problemas no relacionamento, e a mulher quer sair dele, o homem tende a prendê-la ainda mais. Isso, naturalmente, gera uma reação que reforça ainda mais essa determinação de "romper".

Por outro lado, pensando bem, quando você solta um pássaro engaiolado e ele voa livre, mas resolve ficar com você, isso é sinal de que ele ama a liberdade, mas ama muito mais a você. Ele escolhe naturalmente ficar com a pessoa que ele ama!

É exatamente isso o que acontece com seu relacionamento com o sexo oposto. Se você não pressiona, mas dá à pessoa que vive com você liberdade absoluta e incondicional, e ela opta por permanecer a seu lado (em vez de ligar-se a outra pessoa ou de afastar-se), então você *sabe* que ela o ama.

De um ponto de vista muito importante, amor equivale a proximidade assumida por escolha voluntária. Por natureza, você escolhe estar ou quer estar perto de quem você ama!

Não se desespere se lhe parecer difícil desligar-se de relacionamentos atuais aparentemente estéreis. A maioria dos seus principais problemas de segurança provém diretamente dos seus genes, e essa atitude dominadora foi se enraizando neles ao longo de milhares de anos. Você apenas precisa saber por que e como isso acontece, para então aprender a soltar sem entrar em pânico.

Você precisa compreender que tem efetivamente um "problema de espaço". Se um parceiro incompatível está permanentemente no seu espaço, e além disso você o mantém sob pressão, como a pessoa certa poderá entrar nesse espaço?

Nossa tendência é agarrar-nos ao que temos até que algo ou alguém intervenha. Entretanto, a verdadeira mudança exige que você abandone o passado e vá para o futuro com algo ou alguém *novo!* O "*velho*" perdeu todo "valor de aprendizado". Assim, a *mu-*

dança é essencial para o crescimento e para o desenvolvimento da autoconsciência. As lições não aprendidas precisam ser repetidas — incessantemente — até que se as aprenda perfeitamente.

Ao livrar-se de relacionamentos atuais infecundos, você abre a porta para a pessoa certa; de outro modo, a porta estará fechada e tudo se repetirá! Seu gesto é tão simples como levantar-se da mesa depois de uma refeição e sair; nada mais!

Isso não quer dizer que você não deva trabalhar a fim de desenvolver e aprofundar bons relacionamentos. Se você já está com a pessoa certa, ambos devem procurar resolver diferenças que possam existir entre vocês. É esse trabalho que recebe o nome de evolução ou crescimento, e um relacionamento amoroso ou matrimonial é de longe um dos maiores catalisadores de crescimento para ambos os parceiros. Alivie as pressões de um relacionamento limitado ou que não lhe traz alegrias e viva uma aventura permanente. Quando duas pessoas buscam objetivos mútuos e trabalham para desenvolver seu relacionamento, elas podem ficar juntas e, provavelmente, ficarão juntas por toda a vida.

Entretanto, se um dos parceiros deixa de evoluir física ou espiritualmente, o relacionamento simplesmente se dissolverá com o passar do tempo. Quando o "estar junto" desaparece, é definitivamente hora de soltar e procurar "pastagens mais verdejantes".

Aprenda a soltar...

♥

Capítulo 8

Sensualidade versus Sexualidade

Há uma enorme diferença entre *sensualidade* e *sexualidade*, apesar de a maioria das pessoas pensar que ambas sejam expressões sexuais. Mas elas estão relacionadas, pois a sensualidade tem origem no reservatório sexual de cada um. Todavia, quando a sensualidade é evitada ou "desligada" por ser confundida com a sexualidade, a pessoa, em sua ignorância, precisa acordar e entender a diferença.

Os meios de comunicação estão transbordando de sexualidade e violência — duas condições totalmente diferentes e opostas. A violência sempre tende a gerar mais violência, ao passo que sexo apenas gera mais sexo e, assim, mais amor. Mais sexo não o torna violento; pelo contrário, ele quase sempre o deixa mais tranqüilo. Por isso, misturar sexo e violência é como querer misturar água e óleo, ou água e fogo. Eles não se misturam!

A sensualidade brota do impulso sexual. Ela é o fluxo real de uma energia singularmente agradável e magnética que pode ser sentida penetrando em cada célula do corpo.

Ser sensual significa estar dinamicamente vivo; o contrário é ser uma pessoa aparentemente assexuada. A sensualidade faz o sangue fluir para o rosto e através das veias e órgãos. Ela produz um "jato" agradável na consciência. Ela o faz levantar-se e querer conquistar o mundo. A sensualidade o faz sentir-se produtivo e criativo e acrescenta energia ao seu andar e falar. Ela põe em destaque, física e espiritualmente, todo aquele que a tem em abundância. Ela o torna singularmente atraente e magnético. Por isso, aumente quanto puder suas reservas de sensualidade.

Não se deixe levar pela pressão da consciência social que diz que ser sensual é ser sexual. Não é crime ser sensual ou sexual. Aceitemos ou não, todos somos sexuais — como veremos mais detalhadamente no Capítulo 11.

Não permita que sentimentos de culpa com relação à sua sexualidade ou à sua sensualidade o afetem. Fazer sexo em público ou mediante pagamento podem ser atos contra a lei e crimes na maioria dos países do mundo, mas não é disso que estamos falando.

Não é crime parecer *sexy* ou vestir-se de forma *sexy*. A consciência social sempre tentará fazê-lo sentir-se culpado por parecer *sexy*, por sentir-se *sexy* ou por vestir-se de forma *sexy*. Seus genes também foram fortemente programados para pensar que sexo é uma coisa "má". E, certamente, rapazes e moças de bem não pensam em sexo nem o exploram!

Ser sensual é como sentir um enorme e intenso amor dentro de si. Essa sensação é muito sutil, mas poderosa. Ninguém consegue deixar de se sentir sensual quando o fluxo natural de energia do corpo corre *livre* pelas veias e artérias.

Compreenda também que sentir suas energias sexuais despertando e todo seu corpo tornando-se agradavelmente sensual não significa que você deva ter uma descarga sexual. Você simplesmente se aceita sentindo-se sensual e sabe que isso é normal.

De certa perspectiva, é sempre um momento belo quando você se sente cheio de alegria, de prazer, de amor, de liberdade, e mesmo de dor, vergonha e embaraço quase simultaneamente. Nesse momento você está intensamente vivo, pois sua mente e seu corpo estão em movimento e todo o fluxo de energia através do seu corpo faz com que você se sinta internamente sensual.

Reserve diariamente um tempo para buscar, procurar e encontrar dentro de si essa euforia sensual. Você se sentirá suave e gentil, em vez de duro e defensivo. Essa é uma sensação interior profundamente agradável, um frenesi, uma paixão, um estado sensual interno que minimiza o seu desejo ou a sua necessidade de um estímulo externo turbulento. Isso significa também que, em vez de ir contra a maré, você se movimenta em harmonia perfeita com todo o universo. Então, não se envergonhe disso. Trata-se da sua própria energia vital inata. Alimente-a e desfrute-a.

♥

Capítulo 9

Sexualidade e Feromônios

Muito pouca gente já ouviu falar em *feromônios*. Em geral, conhecemos hormônios como o estrogênio, a progesterona e a testosterona, mas ignoramos a enorme influência que os feromônios exercem sobre nós e sobre nossa vida sexual.

Os cientistas, por sua vez, vêm fazendo muitas pesquisas sobre os feromônios. Eles sabem que essas substâncias são uma forma de hormônio transportado pelo ar e usado por todos os reinos da natureza. Na verdade, um feromônio é um neurotransmissor. Quanto mais feromônios você tiver, maior será seu apelo sexual. Sãos os feromônios que de fato criam a atração sexual entre as pessoas.

Você tem seu desejo sexual despertado quando entra em contato com os feromônios exsudados por alguém que cruze seu caminho.

Os *hormônios* abrangem uma área muito ampla, pois sua variedade é quase infinita; os feromônios, porém, formam uma classe específica. Apesar de invisíveis, eles são comunicadores *telepáticos* muito reais que transmitem seu estado de sexualidade. A função deles é comunicar.

Se você retém ou conserva seus feromônios dentro de si, impedindo que sejam liberados, eles provocam uma dor interna. Sempre que você se "fecha", você sente dor, não prazer.

Você pode saber a qualquer momento se está mantendo seus feromônios dentro ou fora do corpo se aplicar o critério da segurança. Se você se sente *inseguro*, é sinal que os está mantendo dentro de si, o que causará dores internas. Os feromônios existem para comunicar, e encontrarão naturalmente ou se chocarão com quem quer que esteja fora de você e deles — num território natural *neutro*. Esse é sempre um lugar seguro para encontrar alguém.

No entanto, se você mantiver seus feromônios presos, de modo que os meus se vejam forçados a entrar em você para fazer contato, você se sentirá pessoalmente invadido e violado; isso lhe parecerá uma violação do seu espaço. Por outro lado, se você *liberar* naturalmente seus feromônios, eles encontrarão os meus nesse território neutro e seguro. A decisão de agir ou de não agir sexualmente com relação a eles poderia ser tomada, ou seria tomada, sem a sensação de que uma invasão já ocorrera.

Trancar ou represar seus feromônios internamente também fará com que você sinta *medo do corpo*, ou mesmo aversão ao corpo e um profundo sentimento de culpa. Esses são sintomas claros de que você retém seus feromônios dentro de si, não os liberando naturalmente no mundo. Eles foram criados para serem transportados pelo ar e não para serem retidos nos tecidos do corpo. Por isso, sempre que se sentir invadido, como se fosse atacado ou como se quisesse fugir de alguém, ou quando for tomado por uma sensação de claustrofobia, como se estivesse trancado numa caixa, tenha certeza de que você está retendo seus feromônios dentro de si. Esse é um estado absolutamente antinatural.

Inversamente, quanto mais natural e solto você for, mais feromônios você gerará e mais comunicativo você será. Uma "atitude saudável" é uma atitude *comunicativa!* Não é possível ser uma pessoa de destaque, bem-sucedida ou famosa sem ter uma grande quantidade de feromônios que comuniquem seus talentos ou aptidões ao mundo.

Se você se sente sexualmente estimulado toda vez que encontra uma pessoa do sexo oposto, isso é sinal de que está retendo seus feromônios dentro de si. Quando duas pessoas se encontram e cada uma age com a naturalidade própria do seu ser, elas estabelecerão uma relação *fora* de si mesmas e se comunicarão de uma maneira solta. Elas não sentirão a necessidade ou o desejo de se concentrar em sua sexualidade. Então, se essa for a *escolha* de ambas, elas poderão entregar-se sexualmente!

O estupro, na verdade, se deve a um estado de agitação ou de medo. Os feromônios reprimidos ativam a porção sexual do cérebro, a qual, por sua vez, aciona a anatomia sexual e gera a *agressão sexual* e um estágio ideal ou perfeito para uma situação de estupro. É assim que gatos, cães, cavalos e outros animais sensíveis pressentem que você está com medo. Os animais e as pessoas reagem ao *medo* procurando proteger-se, ou então atacando a pessoa assustada.

Médiuns e intuitivos podem usar feromônios para colher dados informativos. Para isso, eles relaxam o suficiente com o objetivo de entrar no estado alfa, onde registram os feromônios que lhes comunicam a informação que desejam. Os feromônios são um bem — não um inconveniente. A única condição é que sejam usados, e não enterrados no nosso corpo físico.

Quando duas pessoas praticam o intercurso sexual, elas transferem feromônios *diretamente* de uma para outra e ficam livres para utilizar a nova carga que uma recebeu da outra. No entanto, se uma das partes tiver uma freqüência vibratória muito mais baixa que a outra, a onda de freqüência desta diminuirá, ao passo que a freqüência da primeira aumentará proporcionalmente. Uma pode cair de nove para sete e a outra subir de cinco para sete. Assim, ambos terminarão a união sexual com um padrão alterado de vibração, que se mantém até que a pessoa que participou com mais se recarregue ou faça sexo com alguém de freqüência vibratória mais alta. Nesse caso, a freqüência daquela aumentará e a desta diminuirá até um ponto médio entre ambas. É por isso que você sempre deve escolher bem o seu parceiro sexual, pois ele aumentará ou reduzirá sua freqüência vibratória, a menos, é claro, que ambos tenham freqüências iguais.

Em síntese, os feromônios afetam todo o espectro de sua vida e precisam ser cultivados. Quanto mais natural você for, mais feromônios gerará. Assim, seja você mesmo o máximo possível em cada minuto do dia e da noite. Sua reserva de feromônios aumentará proporcionalmente e suas habilidades de comunicação se aperfeiçoarão de modo extraordinário. O sexo não é ruim; pelo contrário, ele pode ser excelente. Por isso, aprofundemos essa questão. Enquanto isso, seus feromônios serão o seu elo de ligação com a pessoa certa.

♥

Capítulo 10

O Sexo é Bom

Enquanto vivermos num mundo de pares de opostos, como bom e mau, o sexo não será ruim, mas a *culpa* com ele relacionada sem dúvida será!

Desde muito cedo, começamos a aceitar e a criar muita culpa com relação à nossa sexualidade. De alguma forma, herdamos do pensamento puritano do passado a idéia de que sexo é coisa má; no entanto, minha experiência e observações pessoais dizem que o *sexo é muito bom!*

O sexo é natural; nada nele o torna objeto de medo ou culpa. Nossas crianças estarão muito mais bem preparadas para evoluir e crescer quando tiverem uma educação sexual adequada. Toda educação expande a nossa mente e a alma humana. A educação sexual é essencial para os jovens, pois os impulsos sexuais vêm à tona ou se manifestam em nós antes mesmo da puberdade.

Os velhos e falsos ensinamentos de que o sexo é mau e de que os órgãos sexuais são intocáveis e sujos causaram mais danos do que benefícios.

Viajando muito por todo o mundo, observei que há um verdadeiro fetiche, uma preocupação irracional, eu diria, com o sexo nos Estados Unidos. Verifiquei que há um grande exagero na relação que as pessoas estabelecem entre o sexo e o belo corpo humano nu, de homens e de mulheres, e a sexualidade. Isso não acontece na Áustria e em outros países europeus, onde homens, mulheres e crianças andam nus nas saunas e termas e não sentem nenhum estímulo sexual indevido ao verem um corpo nu do sexo oposto. Nas praias, as mulheres não se sentem inibidas em bronzear os seios, ao passo que, nos Estados Unidos, austeros cidadãos se sentem ofendidos diante de uma mulher que "expõe" os seios. Essa obsessão em *esconder* as partes sexuais do corpo e fingir que elas não existem simplesmente produz o efeito contrário, ou seja, cria pessoas reprimidas, excessivamente preocupadas com sexo. Obviamente, essa é uma atitude doentia, oposta à outra, profundamente saudável, que reconhece que o sexo e a genitália são naturais e bons. O sexo, então, deixa de ser a "grande preocupação" ou o grande problema *dissimulado* na mente de todos.

Um corpo humano belo e delicado é uma obra de arte preciosa, e não um problema sexual. Se for, é um problema que está apenas na mente de quem olha esse corpo. Pessoalmente, adoro contemplar um belo corpo humano — seja ele masculino ou feminino. Sou definitivamente heterossexual, mas isso não me impede de observar e de perceber a beleza ou a arte onde quer que elas se expressem ou manifestem.

Se você acha que sexo é mau e fica acabrunhado com isso, a única coisa a fazer é mudar sua atitude com relação a ele.

Em primeiro lugar, saiba que a maioria de suas reações deriva dos seus genes. Algumas outras você aprende ou cria durante seu desenvolvimento físico e mental. Quase todos os seus "sentimentos" ou reações em relação ao sexo como algo ruim ou sujo provêm das crenças puritanas que seus antepassados professavam e que passaram para você durante seu processo de gestação. Eles sentiam e pensavam que sexo era algo mau. Eles acreditavam que o sexo era mau! Entretanto, "pensar e saber são duas coisas bem diferentes!", como diz meu amigo Ed Robertson, de Virginia Beach, Virginia.

Uma crença é apenas uma crença. Se não for um fato, e os genes do seu bisavô e/ou do seu pai *mentirem* e disserem que é um *fato*, então você estará, inocentemente, acreditando que é um fato, quando, na verdade, não é.

Para tirar a força ou o poder dessa falsa crença, você precisa senti-la e encontrá-la nos seus genes e expressá-la como uma mentira. Ou então você terá de reconhecer a verdade propriamente dita com tanta convicção a ponto de fazer com que ela anule o conteúdo dos seus genes e imprima a verdade na espiral do seu DNA.

Se você realmente acredita que o sexo é algo ruim, descubra de onde vem essa crença! A afirmação "a verdade vos libertará" certamente se aplica a essa questão.

Sua tarefa é aprender a viver plenamente num mundo *seguro*, e nesse mundo, com habilidade, você descobrirá que o sexo é bom. A violência, a culpa e o julgamento de outras pessoas sãos coisas más, mas o *sexo é bom!*

❤

Capítulo 11

Todos Têm Energia Sexual

Seja agradecido por ainda ter energia sexual, mesmo que não a sinta conscientemente. Do contrário, você estaria morto!

Ninguém pode viver sem a vitalidade do "primeiro selo", o "chakra" etérico e elétrico, o "centro" sexual que infunde vida ou vitalidade nas células, nos órgãos, no tronco e nos membros do corpo.

Sua energia sexual está nesse centro, desde o berço, por mais que você a tenha reprimido ou asfixiado. Você está respirando, e isso é sinal de que o seu centro sexual ainda está ativo. Se você parar de respirar, ele o deixará. Assim, pare de pensar e acreditar que perdeu sua sexualidade. Você ainda a tem e a usa em cada respiração — *por isso,* continue *respirando!*

Se, por uma razão qualquer, você aderiu à falsa crença de que perdeu sua sexualidade ou sua energia sexual, você precisa corrigir isso agora. Entre em si mesmo. Sinta a suavidade do seu ser. Sinta as correntes sutis de vida que fluem pelos seus órgãos. Ponha a atenção no seu centro sexual e mantenha-a ali até sentir realmente as quase imperceptíveis ondas ou pulsações de energia sutil que começam a subir dentro do seu corpo. Esse é um dos fluxos duplos que os círculos esotéricos conhecem como fluxo da *kundalini*. Esta energia é vital e real — e flui constantemente dentro de você — quer você a sinta ou não. No entanto, com exercícios diários e com o desenvolvimento da atenção, você rapidamente começará a sentir a sensação prazerosa — uma sensação dinâmica muito sutil, em forma de vórtice, que aumenta em intensidade na proporção direta das práticas realizadas diariamente.

Você pode usar essa energia para curar a si mesmo, direcionando-a para as partes enfermas ou lesadas do corpo. Você também pode levá-la até as mãos e ajudar a curar outras pessoas. Em alguns hospitais, as enfermeiras aprendem a trabalhar com essa energia sutil com o objetivo de tratar pacientes — é o tratamento chamado de "imposição das mãos".

Se você já conhece e sente sua forte energia sexual, você pode também entrar no íntimo do seu ser, conectar-se com esse suave fluxo e, conscientemente, ajudá-lo a penetrar em todas as células, órgãos e membros do seu corpo. Essa sensação é muito agradável e faz bem. Essa é energia sexual pura — vital e viva. Ela não está maculada pela luxúria nem pelo desejo sexual vil. A energia é cem por cento vida pura e pode ajudá-lo a manter o corpo jovem e ágil. Ela pode deter o envelhecimento e mantê-lo criativo, produtivo e saudável até o último dia de sua existência humana.

Quando não é liberada por meio de um ato sexual, essa energia se transforma em paixão pela vida, em criatividade fecunda e em produtividade abundante e contínua. Assim, em vez de liberá-la muito freqüentemente pela masturbação ou pela cópula, conserve esse estado orgásmico no seu corpo e use-o para seu próprio desenvolvimento e manutenção.

Nunca negue nem reprima sua sexualidade ou sua sensualidade! Pelo contrário, desenvolva ambas ao máximo e use esses fluxos de energia natural para ser um *mestre* em todos os aspectos da vida.

Se a sua sexualidade estiver impregnada de culpa, você não conseguirá ser plenamente criativo. *Culpa, remorso* e expressões como *Eu não devia ter...* o mantêm preso ao passado; por isso, solte-se dessas três "âncoras". Conheça e valorize sua sexualidade e sensualidade. Seus críticos definharão e morrerão, enquanto você continuará a crescer, a florescer e a transformar-se no eu divino que você quer ser desde que assumiu a forma humana!

Dê educação sexual a seus filhos. Diga-lhes que o sexo é bom, mas que deve ser tratado com carinho e muito amor. Idéias assim serão uma grande bênção para eles.

Para mim, não se justifica a distribuição de "camisinhas" para crianças na escola. Creio que isso cria a falsa idéia de que elas deveriam usá-las. A AIDS e outras doenças sociais também fazem parte de uma educação para a boa saúde. Uma atitude preventiva é sempre mais inteligente do que a necessidade de ter de passar por um processo de cura! Os *organismos do solo*, tema do meu livro *Super Health*, já provaram que podem manter o solo, as plantas, os animais e o corpo humano saudáveis e corrigir um sistema imunológico deficiente. O que se precisa fazer é educar e informar as pessoas sobre temas sexuais, deficiências nutricionais e complexos de culpa e orientá-las com relação ao *que fazer com tudo isso!*

O sexo é bom!

♥

Capítulo 12

O Que o Torna Atraente

Considerando a aparência exterior, há muitas coisas que o tornam atraente. Seu modo de andar e de locomover-se pode chamar a atenção de um homem ou de uma mulher. Seu jeito de falar também é muito importante; a ressonância de sua voz pode cativar. Ninguém gosta de uma voz estridente ou da voz de uma pessoa que fala demais ou muito depressa.

As pessoas também reparam como você se veste. Uma aparência desleixada afasta as pessoas, enquanto roupas que lhe caem bem ou cores que combinam aumentam seu poder de atração.

Alguns homens e mulheres são atraídos pela inteligência, e por isso conhecer as coisas ou entender de muitos assuntos é um fator que torna uma pessoa atraente. Obviamente, manter o asseio dos dentes e ter um sorriso fácil também atraem.

É longa a lista de maneiras, aparências e atitudes exteriores que tornam uma pessoa atraente. Existem também fatores intangíveis que são levados em conta. Algumas mulheres preferem homens altos, fortes, musculosos, enquanto outras se sentem melhor com homens baixos, magros, leves. Alguns homens gostam de morenas, outros só se interessam por loiras. Muitos homens e mulheres se sentem atraídos por pessoas de olhos azuis ou verdes, ao passo que outros preferem as que têm olhos negros ou castanhos.

Outro fator importante de magnetismo pessoal é o sucesso profissional. Alguns homens e mulheres acham que só artistas ou poetas são atraentes e procuram a pessoa certa nessas áreas. Outros preferem arquitetos, engenheiros ou professores. Outros ainda se encantam com pessoas que se sobressaem na religião, no governo ou na política. Bombeiros, policiais e cientistas também têm seu charme. *Até os escritores podem ser atraentes.*

No entanto, quase tudo o que acabamos de mencionar se relaciona com o que se vê ou se conhece. É importante reconhecer, porém, que o que não é visto ou conhecido desempenha um papel fundamental para explicar *por que* somos atraentes e para identificar o *que* nos torna atraentes. Seus genes podem estar carregados tanto de energias de repulsão como de atração que afastam ou aproximam as pessoas de você. Se os seus três últimos antepassados foram personalidades proeminentes, homens ou mulheres, você leva esses traços nos seus genes e "emitirá" um campo magnético que diz que você é distinto, o que o torna muito atraente. Se os seus três últimos ascendentes foram personalidades sem expressão e sem vida, homens ou mulheres, isso também estará registrado em seus genes, e você será quase invisível, imperceptível, comum, caso em que terá de trabalhar muito *nesse corpo* para gerar mais ENERGIA.

Outro fator invisível, mas que chama muito a atenção, é a ALEGRIA que você tem ou deixa de ter. Todos somos naturalmente atraídos por homens ou mulheres alegres. Mesmo uma alegria discreta dá à pessoa um certo brilho e a torna atraente. Uma pessoa alegre é como uma luz resplandecente numa sala escura! E todos queremos nos beneficiar ao máximo do resplendor da alegria. É por isso que as pessoas alegres têm muitos amigos. Todos querem sentir um pouco essa energia vivificadora que elas irradiam. É essa alegria *o que* as torna tão atraentes.

Do mesmo modo, toda pessoa que encontrou o *eu divino* dentro de si também irradia atração, pois ela vive "centrada", em harmonia, e tem pleno controle sobre seu modo de ser e de agir. Essas qualidades magnetizam, pois muitos seres humanos nesta Terra não têm essas elevadas qualidades e ficam fascinados e encantados quando as encontram em alguém. Essas pessoas são deuses vivos em forma humana, embora não saiam por aí dizendo "Eu sou Deus". O silêncio e a aura de paz que as envolve dizem aos que as vêem que elas são deuses *conscientes*.

Encontrar esse centro suave e aconchegante no seu próprio ser, e permanecer nele, ajudá-lo-ão incontestavelmente a atrair a pessoa certa para você.

Você também pode aprender a criar ALEGRIA dentro de si pelo exercício mental descrito no Capítulo 26. Essa alegria será como um farol de atração para a sua pessoa certa.

Ser natural, sem "dar-se ares de" ou fingir ser mais do que se é, também é uma qualidade que atrai. Uma pessoa sincera conquista rapidamente o coração dos outros.

Se, por qualquer razão, você não herdou bons genes, não se desespere. Você é "maior que o seu corpo", e há muitas formas e meios de superar isso... como você verá mais adiante. Cada capítulo deste livro tem o objetivo de informá-lo e de acelerar seus passos na direção da pessoa certa. Você pode antecipar o seu tão almejado encontro tornando-se conscientemente mais atraente — no corpo, na mente e no espírito. Ambos temos o mesmo objetivo. O meu objetivo é informá-lo e guiá-lo, primeiro à sua própria identidade única, e em seguida ao encontro ansioso da pessoa certa. O seu objetivo é *refletir* sobre essas informações, *absorvê-las* e usá-las para atrair a pessoa certa para a sua realidade tridimensional. A força e o impulso do meu objetivo — somados à energia e ao ardor do seu — contribuirão significativamente para transformar esse belo sonho em realidade viva e sólida.

Vale a pena jogar o "*jogo da vida*". Seu jogo agora é sentir sua beleza interior. Quanto mais você fizer isso, mais a pessoa certa a perceberá em você. SAIBA apenas que você é tão atraente para ela quanto ela o é para você. A pessoa certa é perfeita para você e você é perfeito para ela. O *semelhante* atrai o *semelhante*, de modo que a sua pessoa certa será muito parecida com você!

♥

Capítulo 13

A Vida é um Jogo Espiritual

Durante minha vívida experiência da morte aos 18 anos, olhei ansioso para trás, para este "mundo terreno", e vi nitidamente que ele não passava de *um sonho!* Mas era um sonho fascinante, cheio de desafios, e como eu já fracassara em enfrentar o desafio que claramente se me apresentara em três vidas passadas relativamente importantes, optei por retornar a este "mundo de sonho".

Faz muitos anos que retornei fisicamente a este mundo e desde então venho aprendendo que a "vida humana" é um "jogo espiritual" fascinante.

Mais de seis bilhões de nós, "entidades de luz" ou *centelhas de vida*, nascemos ou nos transferimos para corpos humanos. Todos estamos jogando juntos um dramático jogo espiritual. Esse jogo não tem fim, e os "jogadores" ora entram, ora saem dele. A regras são bem simples...

- *Primeira*, todos têm de jogar!
- *Segunda*, todos precisam *acreditar* que o jogo é *real!*

- *Terceira*, novos jogadores podem entrar quando quiserem, e os jogadores atuais podem sair quando acharem conveniente.
- *Quarta*, o jogo é apenas um espetáculo de luzes holográficas mentais, de modo que os jogadores não são realmente mortos, não morrem e nem sofrem nenhuma lesão mental, emocional ou física *real*.
- *Quinta*, as regras do jogo só *mudam* quando um jogador ou um grupo de jogadores consegue estabelecer uma nova mudança de paradigma da consciência humana.
- *Sexta*, de modo geral, *durante este nosso jogo "atual"*, os jogadores são de polaridade feminina num corpo feminino ou de polaridade masculina num corpo masculino. As exceções acontecem em casos de "cruzamentos", quando uma polaridade masculina ocupa um corpo feminino ou uma polaridade feminina ocupa um corpo masculino.
- *Sétima*, mas não última, pois existem muitas outras regras maiores, menores e diminutas: quando um jogador acorda do sonho ou alcança o conhecimento e o domínio de si, e descobre sua missão inata de "colação de grau da Terra", ele pode sair e assistir ao jogo das linhas laterais do campo da terra, ou então pode voltar ao jogo à vontade, criando um "maya-virupa" ou um corpo imaginário que parece feito de carne e sangue reais, como os corpos humanos ocupados pelos jogadores que ainda participam do jogo terreno...

O grande jogo da vida não tem "regras" nem campos definitivos. O que existe, na verdade, são jogos e mais jogos inseridos em jogos, num suceder *sem fim*. E um novo jogo pode ser jogado por qualquer jogador, à sua vontade.

O universo atua na retaguarda, fornecendo o peso e a massa necessários para que os jogadores, individualmente ou em grupo, possam criar a já mencionada "*intenção* no tempo" ou plano mental que se concretiza como "*evento* no tempo". O jogo é ótimo! Eu gosto dele, principalmente depois que aprendi suas principais regras e que descobri que posso mudar qualquer jogo que não me agrade!

Os tipos de jogos que podemos jogar na "arena" da Terra desafiam qualquer descrição. No entanto, como os jogadores em geral ainda não se deram conta de que estão participando de um jogo — e estão literalmente "perdidos" no intricado drama do "enredo", a ponto de não conseguirem *quebrar o encanto* — eles geralmente jogam o "*jogo da carência*", ou então o seu oposto, o "*jogo da abundância*".

Alguns jogadores, mais audaciosos, preferem desempenhar um papel muito mais difícil no "*jogo de uma vida sem amor*" ou no "*jogo dos relacionamentos abusivos*".

Examinaremos alguns desses principais jogos mais profundamente. No entretempo, um bom exercício para a sua mente seria descobrir que jogos importantes você está jogando atualmente.

A regra prática a seguir é que se você descobrir um jogo específico de que esteja participando, *se você gostar dele*, continue jogando-o até entediar-se, especialmente porque você agora sabe que se trata *apenas de um jogo* e que pode terminá-lo à vontade, simplesmente retirando dele sua atenção e sua energia vital. Não receie fazer isso, pois existem muitos outros jogos mais atraentes e desafiadores dos quais você pode participar imediatamente...

O estimulante jogo que você está jogando neste momento é o "jogo de encontrar e unir-se à pessoa certa".

Sugiro que continue lendo e aprenda a jogar esse jogo com perfeição, de modo a sair dele "vencedor", como já aconteceu com muitos de nós...

Capítulo 14

O Jogo da Carência

No fim deste período de espaço/tempo do segundo milênio, o principal e quase absoluto jogo que se desenvolve em todo o planeta Terra é o "*jogo da carência*".

De modo especial, é o jogo de *não ter dinheiro* ou de não ter suficiente energia pessoal aproveitável ou consumível para se manter. Este aspecto do jogo é o primeiro da lista. Quase todos têm dificuldade de "viver com o que ganham", mesmo nos países supostamente ricos, como nos Estados Unidos, Inglaterra, Alemanha, Japão, Canadá e em outros "líderes" no irônico "jogo da abundância"! Embora as pessoas pareçam ganhar quantias elevadas, no último quartel do século XX os governos desses países se transformaram em verdadeiros "sacos sem fundo" que consomem até 25 vezes mais o total de impostos que era pago pelo cidadão comum 25 anos atrás. Ao mesmo tempo, a dívida interna dos Estados Unidos ultrapassou a cifra dos cinco trilhões de dólares. Parece que a pergunta, "Como é possível você dever tanto dinheiro *a si mesmo*?" nunca foi feita e muito menos respondida. Obviamente, a resposta está no Banco Central, que imprime papéis sem nenhum valor, não mais afiançados pelo lastro em ouro ou prata, tanto em barras como em moedas. A enorme dívida aumenta ainda mais quando deixa de ser produzido "dinheiro frio" para o pagamento de juros. Assim, a "*Grande Besta*" que parece estar tentando devorar o mundo todo cresce cada vez mais, enquanto o cidadão comum se defronta com uma *carência* proporcionalmente maior! A menos que seja denunciado, esse jogo pode acabar provocando o colapso de todo o sistema monetário internacional.

Esse jogo da carência é muito amplo e variado. Você pode brincar de não ter amigos; o universo, então, certamente se apressará a preencher seu quadro da realidade. Dado seu foco, você terá cada vez menos amigos na vida.

Você pode brincar de carência de segurança e, como conseqüência, muitas situações de vida realmente inseguras surgirão no seu dia-a-dia. Você se sentirá inseguro com relação ao seu emprego, ao seu relacionamento, ou mesmo terá medo de pegar um avião ou de andar na rua. Este jogo pode transformá-lo num recluso que só se sente seguro entre as quatro paredes de sua casa. Mesmo ali, você provavelmente instalará travas de segurança duplas nas portas e manterá portas e janelas trancadas o tempo todo.

Você pode jogar o jogo de uma carência de essência de vida, a ponto de juntar-se aos bandos cada vez mais numerosos dos "sem-teto" nas ruas de tantas cidades do mundo "moderno".

O jogo da carência pode ser realizado na área ou nível de vida que você quiser. Algumas pessoas o jogam em quase todas as circunstâncias; elas o praticam há tanto tempo que ele se transformou num hábito arraigado, quase um vício, dificílimo de ser extirpado. Falta-lhes ar fresco, dinheiro, transporte, alimentação adequada, amigos, segurança, roupas apropriadas; elas carecem de mudança e, acima de tudo, de *novas perspectivas* ou de novas idéias.

Um princípio norteador para continuar o jogo da carência é o seguinte: "Onde há ego, há carência." No entanto, isso não significa que você deva se livrar do seu ego ou tentar destruí-lo, pois ele é necessário para proteger a sua psique. Você só precisa compreender ou reconhecer que a carência procede do ego. O ego sempre quer "tomar". Sua psique "dá", seu ego toma. O jogo da carência sempre começa numa forte identidade com o ego, não com a alma ou com a psique. Há uma enorme concentração no ego no mundo atual, e por isso o *jogo da carência* é, de todos, o mais popular.

♥

Capítulo 15

O Jogo da Abundância

Na outra ponta do espectro, o jogo praticado por uma minoria é o *jogo da abundância*. Este também é divertido e vem sendo jogado há bastante tempo.

Neste jogo, os jogadores aprenderam que o volume de recursos disponíveis é maior do que a quantidade que podem usar. Eles sabem que a FONTE universal é inesgotável e que podem conectar-se com ela à vontade.

Podemos classificar os jogadores deste jogo em duas grandes categorias: os que passam a vida juntando e armazenando quantidades enormes de necessidades vitais, e os *Mestres*, ou "mágicos no palco", que podem andar pelo mundo sem nada no bolso, mas que têm acesso direto e instantâneo a *toda* a abundância do universo no momento que lhes aprouver.

Os que pertencem à primeira categoria ainda se apegam às suas posses; mas, inversamente, suas posses é que os possuem. Muito poucos desses estão dispostos a repartir seus excessos, pois ainda encontram neles segurança material. Essas pessoas poderiam contribuir significativamente para reduzir e até extirpar a fome e a ignorância no mundo, mas ainda se acham perdidas no jogo, lamentavelmente. Elas acharam a chave da grande abundância e simplesmente não compreendem por que o "homem comum" não consegue reproduzir o que elas aprenderam e fizeram. Quase todas essas pessoas dão presentes "simbólicos" às suas instituições de caridade preferidas, mas conservam sob sete chaves suas imensas fortunas. Elas ficam tão fascinadas com esse jogo prazeroso e interminável, que raramente querem se envolver em outros jogos da vida.

Por outro lado, os grandes Mestres que andam pelo mundo sem nada nas mãos ou no bolso distribuem uma abundância de amor, conhecimento e sabedoria para todos os que encontram. Alguns chegam a usar o disfarce de mendigos famintos. Eles não precisam realmente da esmola ou do ouro que mendigam; estão apenas observando para ver quem está disposto a *dar* — do pouco que o homem comum das estradas da vida dispõe. Em contrapartida, os que dão generosamente de sua pequena bolsa ou despensa são recompensados mais do que duplamente pelo que doam de livre e espontânea vontade.

Esses Mestres evoluídos andam pela Terra e dão o exemplo de como viver com simplicidade e moderação, e ainda assim materializando o que é necessário *no momento.* Encontrei vários desses homens na minha jornada.

Há também aqueles que, como eu e muitos outros, se deram conta desse jogo. Eu também pratiquei *o jogo da carência* durante muitos anos, como compositor de letras musicais, conforme revelo em meu livro *Sua Alma Gêmea Está Chamando.* Contei com a ajuda de um amigo chamado Jerry, que havia praticado *o jogo da carência* comigo alguns anos antes e que, no ínterim, havia mudado de jogo. Jerry me fez sentar, literalmente, e me forçou a dirigir o meu foco para a abundância. Em seis meses, afastei-me da pobreza indesejada seguindo os passos de $uce$$o delineados por Jerry; adquiri uma casa própria, um Cadillac e comecei a ganhar um salário mensal elevado trabalhando no mercado de imóveis.

Jerry simplesmente me fez compreender que toda abundância começa *na mente* — e não num livro de bolso! Desse dia em diante, minha vida vem se preenchendo com o que preciso ou quero. Depois de entrar n*o jogo da abundância*, fica-se "viciado" nele, pois é muito divertido! Se você está começando a se aborrecer com *o jogo da carência*, ou se já está bastante entediado com ele e quer mudar, você já tomou o caminho certo! Quando você busca o conhecimento, o conhecimento busca você! O conhecimento de como fazer isso está neste livro. *Aproveite!*

♥

Capítulo 16

O Jogo de uma Vida sem Amor

Como eu disse anteriormente, embora existam bilhões de homens e mulheres disponíveis em todo o planeta, ainda há muita gente que, por ignorância, continua jogando *o jogo de uma vida sem amor!*

Por quê? Por que alguém fecharia os olhos para o óbvio e fingiria dia após dia, ano após ano que ninguém o ama? O que levaria alguém a fazer isso? A resposta está nos *genes*...

As pessoas que geralmente praticam o jogo da vida sem amor recebem essa mensagem diretamente de seus códigos genéticos. Pelo menos três de seus sete últimos ascendentes viveram uma vida solitária e sem amor. Se isso não tiver sido compensado pelo pai ou pelo avô, essas pessoas também se sentirão solitárias e sem amor.

Como você já sabe ou descobriu, o universo sempre lhe dá mais daquilo em que você mantém a atenção — não porque ele não lhe tenha amor ou consideração. Pelo contrário, o universo dá incondicionalmente. Ele se reorganiza para se ajustar à *imagem* que *você* tem da realidade, pois ele o ama e se preocupa literalmente com você *o tempo todo*. Ele sabe que você tem livre-arbítrio e supõe naturalmente que, se você se concentra em alguma coisa, é porque você *quer mais dessa coisa!* Assim, o universo lhe oferece generosamente uma condição de maior carência de amor, se é nisso que você mantém a sua atenção.

O segredo para mudar seu jogo — se você for uma dessas almas corajosas que escolheu genes predominantemente sem amor — é *redirecionar o foco da sua atenção!* Ainda que você possa sentir e acreditar firmemente que ninguém o ama, visualize-se sendo amado e querido por um número cada vez maior de pessoas. Dirija sua atenção sempre para a *solução* — nunca para o *problema* — pois o princípio universal constantemente ativo de que *a energia segue o pensamento* trabalhará para você. Você aviva ou energiza o desejo de ser amado, e não o sentimento da falta de amor. Você simplesmente toma uma decisão consciente de olhar além *do mundo das aparências* para o *mundo que você quer!*

Imagine com intensidade como seria ser amado pela pessoa certa. Esse exercício ajudá-lo-á a reduzir ou a eliminar o sentimento de não ser amado. Pratique essa visualização várias vezes ao dia, até que o sentimento de ser amado se torne tão forte a ponto de impor-se sobre a influência dos seus genes. Você é maior que os seus genes! Você apenas deixou que eles o conduzissem, temporariamente. Você não é os seus genes, embora eles tentem convencê-lo do contrário e de que você deve obedecer às ordens deles.

Ao mesmo tempo, observe bem os casais felizes e amorosos que você conhece. Estude-os e veja como eles mantêm o foco da atenção voltado para o amor, nunca para o sentimento contrário. Você pode fazer a mesma coisa. Seu foco é que mudará a sua órbita diária e transformará seus velhos hábitos em novos sentimentos e em pensamentos renovados. Esse foco intensamente desenvolvido o conduzirá até a pessoa certa.

Capítulo 17

Conheça o seu Jogo

Não há nada de errado em jogar o jogo que você quiser. Você é livre e tem o direito universal de entrar em qualquer jogo novo ou de sair de qualquer jogo velho. Ninguém mais pode tomar essa decisão por você.

A melhor coisa que você pode fazer para abandonar *o jogo da carência*, ou outros jogos de pressão e preocupação, é descobrir que jogo você joga. Quando você tem consciência de que está jogando um determinado jogo, todos os trunfos estão em suas mãos. Mas quando você está perdido no jogo, ele o amedrontará ou preocupará, pois parece muito real e afeta dramaticamente a sua vida. Quando você está perdido na agonia e na tristeza ou no trauma e no drama, os jogadores ao seu redor que *sabem que se trata de um jogo* terão grande vantagem sobre você.

O segredo é começar a observar a si mesmo desde o momento em que você acorda de manhã até adormecer à noite. Se você parar e observar o que faz e sente a cada instante — durante o dia inteiro — essa consciência mudará a sua vida para melhor e para sempre. Quando você *conhece o seu jogo* — seja ele qual for — você sempre sai vencedor.

Por exemplo, se o seu parceiro ou alguém do seu convívio diário o agredir de alguma forma, e você revidar, você estará jogando o jogo do agressor. Por outro lado, se você tiver consciência de que esse é o jogo do *agressor* e não tem atração nenhuma para você, sorria ou cumprimente jovialmente e continue executando sua tarefa em silêncio. Isso confundirá a pessoa ou mesmo a irritará, pois você não está participando do jogo dela.

Se alguém tentar "desmanchar o seu prazer" — quando você estiver jogando com uma nova idéia ou com um projeto imediato — ignore-o e continue o seu jogo. As pessoas gostam de se divertir e você não tardará a atrair todos os jogadores que deseja ou precisa para ajudá-lo a se divertir.

Por outro lado, se você resolver jogar o jogo da autopiedade, esteja certo de que a miséria gosta de companhia, e você encontrará um sem-número de jogadores que o ajudarão a sentir-se ainda mais melancólico e triste. Lembre-se: não há nada demais em jogar o jogo da autopiedade, apenas perceba que *você* o está jogando! Estando consciente, você pode jogar até enjoar e então descobrir um jogo melhor.

Por exemplo, você pode ser uma mulher que superou o estereótipo macho/fêmea; você já sabe que se trata apenas de um jogo. No entanto, você pode resolver usar salto alto, vestir-se de modo a deixar todos "de boca aberta" e exibir sua feminilidade diante de todos os homens em público ou numa festa. Você pode jogar o jogo da mocinha tola ou da sedutora irresistível; o tempo todo, porém, você tem consciência plena de que está jogando um jogo e se divertindo muito.

Se refletir sobre isso, você verá que há uma grande diferença entre o homem, ou a mulher, que realmente "cai" no clássico estereótipo macho/fêmea — que se *perde* a si mesmo no drama do jogo — e a pessoa que conhece o seu jogo! Um é sério e fanático; o outro é leve, divertido, espontâneo.

Quando você adquire o hábito de revelar ou expor os seus jogos, nesse momento você começa a ter autodomínio. Você não pode se perder no drama quando sabe que tudo não passa de um jogo. Você não pode se entregar a um grande pesar quando uma pessoa amada ou amiga "morre" quando sabe que tudo não passa de um sonho — e que, realmente, a morte não existe. Ninguém morre e ninguém se fere de fato no jogo da vida. A morte é apenas o término de um determinado tempo do jogo. O jogador se retira para as linhas laterais do campo da Terra, mas pode jogar o jogo do nascimento/vida/morte *sem parar!* Quando a repetição dos jogos se torna enfadonha demais para o jogador, ele pode finalmente despertar e "diplomar-se" no "*show* de luzes" holográfico tridimensional humano.

Por isso, na sua busca da pessoa certa, se você parar de vez em quando e lembrar-se de que *a vida é um jogo* — e de que você conhece o jogo que está jogando — isso o ajudará a fazer com que o jogo seja como você quer que ele seja. Em vez de ficar irremediavelmente perdido no jogo, você simplesmente pegará "suas coisas" e se mudará para um posição melhor a fim de materializar a pessoa certa para você. Assim, sempre que as situações se mostrarem negras, injustas ou fora de controle, lembre-se de que você está apenas jogando um jogo. Você pode mudar de jogo (como fazem as crianças) num instante. Você pode passar das lágrimas ao riso num piscar de olhos. É o seu jogo. *Conheça-o.*

❤

Capítulo 18

Aprenda a Amar o seu Corpo

Você pode ser a mulher ou o homem mais rico da terra, mas o bem mais precioso e inestimável que você possui é o seu extraordinário corpo humano. Seu corpo é insubstituível. Ele lhe serve desde o instante em que você nasce até o seu último suspiro. Os desejos que o estimulam são comandos do seu corpo!

A triste verdade é que a maioria das pessoas não dá ao corpo o respeito que ele merece. A maioria maltrata esse precioso corpo humano das formas as mais diversas. Geralmente odiamos ou desprezamos nosso corpo. Em vez de aproveitar a oportunidade de transformá-lo exatamente no que ele é, agimos como se ele fosse culpado por sermos muito fracos, gordos, magros, altos, baixos, da cor indesejada, da forma inadequada, enfermos e às vezes do sexo que não gostamos!

O pior tratamento que damos ao nosso corpo atualmente está relacionado com uma alimentação deficiente... Nós os enchemos de alimentos processados, vencidos e desvitalizados, e depois nos admiramos de ser gordos e letárgicos. A poeira radiativa e todos os tipos de poluição no ar, na água e no solo destruíram praticamente todos os benefícios dos *microorganismos* que mantinham o solo e os reinos vegetal e humano saudáveis até o início ou meados da década de 1940, quando começou toda a degradação do meio ambiente que temos hoje! Outras informações sobre esse assunto estão no meu livro *Super Health*.

Conseqüentemente, devido a tudo isso, o corpo humano está numa forma lastimável. Cerca de oitenta por cento dos jovens e dos velhos nos Estados Unidos são *obesos!* A causa principal dessa situação é a falta de informação, a carência de frutas e vegetais maduros e *frescos* e de cereais *integrais* (em vez de processados) e a ausência dos microorganismos acima mencionados que ajudam a manter o corpo humano saudável. Esses organismos, porém, são encontrados abundantemente em cápsulas.

Nosso precioso corpo humano possibilita que vivamos no mundo tridimensional e que o sintamos. O espírito humano ou entidade de luz não pode agir com a forma ou massa física sem um corpo humano. Nossa centelha de vida fixou residência no nosso corpo para jogar o jogo da vida terrena tridimensional.

Nosso corpo humano é a "forma de abraço" com que somos recebidos ao nascer ou logo em seguida. Ele é um "veículo" extraordinário que nos leva aonde queremos ir. É também um meio de contato físico entre nós e todos os outros seres humanos, inclusive com a pessoa certa.

Sem o seu precioso corpo humano você não poderia sentir os beijos e toques amorosos que a pessoa certa lhe dá. Você não conseguiria sentir o vento na face nem abraçar um amigo. Você não teria condições de saborear a doçura do mel e de sentir o perfume da rosa. Você não veria o firmamento estrelado à noite nem o horizonte despertando ou adormecendo com o nascer ou o pôr-do-sol. Você ficaria sem ouvir os sons melodiosos da natureza ou a voz das pessoas que você ama.

Esse maravilhoso corpo humano foi especialmente projetado ou construído para servir de habitação ao seu espírito. Não existe nenhum outro corpo humano exatamente igual a ele, pois ele tem a sua própria freqüência inconfundível. Os átomos, células, órgãos, o tronco e os membros de sua forma humana "mantêm-se coesos" devido à energia de sua centelha de vida ou espírito humano. No momento em que você tira do seu corpo essa energia ou "vontade de viver", a morte sobrevém.

Seu corpo humano tem uma consciência própria; ele sabe que você é um deus, e por isso ele se movimenta ao seu comando, dorme ao seu comando e serve a você sem hesitação. Ele fica assustado e taciturno quando você deixa sua mente e espírito vagar no passado ou no futuro. Ele só consegue viver no momento presente, e por isso quando você "sonha acordado" com o passado ou se volta voluntariamente para o futuro, ele se sente abandonado e teme que você não volte mais.

Seu corpo o ama deveras, apesar de você não o tratar como ele merece ou de culpá-lo por todas as suas atribulações e enfermidades. Ele procura sempre estar em sintonia com a sua vibração de luz ou acompanhar seus pensamentos, o que neste estágio da evolução dele não é possível.

Sem o obstáculo do corpo humano, você se deslocaria com a velocidade da luz, porque você é uma onda ou uma entidade de luz. Com o tempo, você aprenderá a acelerar a freqüência vibratória do seu corpo. Quando você e ele pulsarem na mesma faixa de freqüência, vocês serão "diplomados" no plano humano terrestre e poderão deslocar-se para outras dimensões juntos — como uma única entidade divina consciente. Como explico no meu livro *The Birth of Earth As a Star*, este planeta e todos os seres vivos que nele habitam passarão em breve por uma transformação radical ou por uma colossal mudança de paradigma — não se trata do fim do mundo, mas do começo de uma grandiosa *Idade de Ouro* na Terra.

É de fundamental importância que todos comecemos a compreender a singularidade e preciosidade do nosso corpo! Sim, ele pode parecer excessivamente gordo, magro, baixo, alto, adoentado, e não tão perfeito ou belo como gostaríamos que fosse. Entretanto, ele tem exatamente a configuração e a forma que nós mesmos lhe demos. Ele não foi formado ou modelado por um agente "externo". Nosso corpo foi e é um produto "interno" — o que significa que cada átomo e célula que o compõem foi "obra" nossa. Se você está insatisfeito com ele, mude-o como quiser. Todavia, é muito importante que você o ame como ele é *agora!* Amando-o, você poderá dar-lhe a forma ou a aparência que desejar; você não pode "odiá-lo" e dar-lhe uma forma diferente ou uma saúde melhor. Você percebe, assim, que ele é maravilhosamente único. Você ama o seu corpo; você o afaga e toca com pensamentos e sentimentos de amor e carinho, e ele reage e retribui com os mesmos sentimentos.

Você pode fortalecer sua saúde e aumentar sua energia e resistência implantando uma nova programação genética no seu corpo.

Seu corpo sempre foi e sempre será a sua única posse realmente valiosa. A pessoa certa será quase um reflexo ou uma cópia de você; ela terá um corpo semelhante ao seu. Se você amar seu corpo, você amará o corpo da pessoa certa e, reciprocamente, ela também amará o seu corpo.

Certamente, neste livro e em outras fontes confiáveis, você encontra informações suficientes que podem levá-lo a ter uma boa, se não excelente, saúde física. Ninguém mais na Terra (ou na *Zona Morta*) fará isso por você. Seu corpo está totalmente sob o seu controle. Faz parte da sua função divina educar-se no sentido de dar ao seu corpo alimentação adequada, descanso apropriado, sono tranqüilo e alguns exercícios diários. O princípio universal é este: *"O que não se usa, se perde!"* É por isso que as pessoas que se aposentam e não fazem literalmente nada, logo adoecem e morrem. Os seres humanos que vivem até uma "idade avançada" natural de 100 ou mais anos são quase sempre insolitamente ativos. Eles têm paixão por tudo na vida.

Os cientistas estão descobrindo que deveríamos viver naturalmente até a idade de 120 a 140 anos. Eu mesmo, há muitos anos, tomei a resolução de manter este meu corpo com saúde excelente até os 143 anos, pelo menos, pois mal comecei a minha "missão" na Terra. Com determinação, pretendo "diplomar-me" *nesta* existência! Outros fizeram isso; eu também posso conseguir.

Aprenda a gostar de ter, a querer e a amar um corpo humano ativo e produtivo. Conserve-o saudável, solto e jovial, pois ele lhe retribuirá na mesma medida — e a pessoa certa também o amará!

♥

Capítulo 19

A Turbulência dos Relacionamentos Abusivos

Você poderia pensar que uma pessoa que é constantemente maltratada fisicamente na vida particular e que freqüentemente é escarnecida em público seguramente quereria abandonar seu parceiro; isso raramente acontece. Os maus-tratos a que um ser humano pode ser submetido quase diariamente, com espancamentos e pânico, preenchem ou satisfazem a estranha necessidade de excitação que as pessoas fisicamente maltratadas sentem.

A pessoa maltratada prefere receber estímulos sendo seviciada e torturada fisicamente a encontrar e viver com um parceiro calmo, delicado, tranqüilo e equilibrado.

Acontece que quando a natureza genética de uma pessoa a predispõe a querer ser maltratada, ela acabará atraindo um parceiro disposto a maltratar. Entretanto, nos primeiros tempos de convivência, ambos mostram o seu "lado bom" e, em geral, passam a ter um relacionamento amoroso rápido e ardente. O amor que um sente pelo outro é efusivo e seu frenesi sexual se prolonga por semanas ou meses. Então, a certa altura, quando a paixão inicial arrefece e a atração sexual diminui, um ou outro sentirá a necessidade de mais estímulo, o que propicia o surgimento de uma situação abusiva.

Depois dos abusos iniciais, o casal vive mais alguns dias de sexo tórrido e até demonstram carinho mútuo. No entanto, essa situação se torna monótona e outro evento abusivo ocorre, dando início um círculo vicioso de maus-tratos, sexo apaixonado e nova extinção da paixão.

Os maus-tratos atingem um tal nível que a pessoa maltratada se dá conta de que morrerá se ambos insistirem nesse relacionamento abusivo. Finalmente, ela consegue ajuda, obtém o divórcio e vive intensamente a liberdade conquistada — e pode celebrar essa vitória sendo sexualmente promíscua.

Depois de um certo tempo, ela voltará a entediar-se, mesmo com um parceiro perfeito que seja amoroso, carinhoso, equilibrado e em paz consigo mesmo e com o mundo. Ele poderia ser um bom companheiro, mas a pessoa portadora de genes adeptos da tortura não vê nele as boas qualidades ou o amor. Em vez disso, ela se enfastia e começa a emitir sinais de que quer entrar em outro relacionamento abusivo "estimulante".

Um novo homem ou mulher aparece e se revela naturalmente disposto a desempenhar o papel do algoz. No primeiro encontro, ambos se sentem no paraíso. Ambos vivem a excitação da descoberta mútua, seguida de muito sexo fogoso, casamento, convivência sob o mesmo teto; novamente, porém, o entusiasmo arrefece e uma nova rodada de sevícias físicas começa. Se a pessoa seviciada consegue sobreviver, ela obtém o divórcio ou se separa, mas em pouco tempo se aborrece e retoma a busca de outro parceiro abusivo... que certamente não é a pessoa certa.

Se você for um desses dois "jogadores", a vítima ou o algoz, a leitura do que eu disse acima pode ajudá-lo a tomar consciência do seu problema. Você não encontrará realmente a pessoa certa enquanto não perceber o que está acontecendo e transcender conscientemente a mensagem que seus genes estão lhe enviando.

Nesse momento, não é um estímulo suave, tranqüilo, calmo e benévolo que sua genética está procurando, embora seja exatamente isso que você irá encontrar na pessoa certa. Entretanto, como afirmei anteriormente, mas preciso repetir, você nem sequer verá ou perceberá essas belas qualidades na pessoa que poderia ser perfeita para você, pois, no momento, seus genes estão à procura de alguém que o maltrate ou a quem possam torturar. Isso precisa ser corrigido, se você quer encontrar a sua pessoa certa. Sugiro que leia meu livro *A Sala Mental dos Espelhos*, pois ele pode ser um guia muito útil para prepará-lo a *encarar, aceitar, apagar* e *substituir* seus velhos programas genéticos.

Se não for o algoz, forçosamente deve ter muitos sentimentos de culpa e arrependimento que precisam ser liberados. Se você for a vítima, sentirá culpa por continuar numa relação que sem dúvida era totalmente estéril, sendo necessário livrar-se disso imediatamente.

Minha experiência de quase-morte aos 18 anos de idade propiciou-me certo conhecimento da realidade que eu jamais teria obtido de outro modo e contribuiu significativamente para minha auto-estima e meu senso de liberdade ilimitada. Entretanto, no dia em que aprendi a liberar toda uma existência de *culpas* e *arrependimentos* acumulados, a sensação vivida foi semelhante à da libertação obtida com o meu dramático encontro com a morte. Nesse momento, o peso do mundo parece que cairá dos seus ombros. Você sentirá alegria e leveza de ser e compreenderá que é realmente um espírito divino livre em forma humana, impossível de ser visto ou sentido quando encoberto por camadas e camadas de sentimentos de culpa sombrios e dolorosos, viscosos e repugnantes.

Se você foi algoz ou vítima em relacionamentos passados, não se desespere; *você* é maior que os seus genes ou que o seu corpo!

Sabendo, você pode enfraquecer sua energia genética ou conter o seu impulso genético por meio de um novo padrão, mais·forte e intenso. Qualquer um desses métodos pode "libertá-lo!"

Comece a ver e a relacionar-se com a "realidade" de modo diferente. *O universo se readaptará para acomodar sua nova visão da realidade!* Você merece uma pessoa certa como qualquer outro ser humano divino na Terra. O caminho entre você e sua pessoa certa já está se abrindo...

♥

Capítulo 20

Os Genes Podem Ajudar sua Vida Amorosa

Como você já deve saber, ou pelo menos pode ter imaginado, seus genes determinam o tipo de "vida amorosa" que você está programado a viver. Se seus pais, avós ou bisavós — um dos seus três ascendentes diretos — teve uma vida amorosa predominantemente feliz e realizada, sua vida será muito agradável para você e para o seu parceiro, pois ele também — pela lei dos semelhantes — terá uma genética semelhante. As pessoas ao seu redor dirão que vocês são "almas gêmeas". Vocês se ajustam como a luva à mão e um certo fulgor, uma aura brilhante envolve a ambos quando estão juntos. Se o seu desejo era encontrar a pessoa certa cedo na vida, você escolheu os genes certos.

À medida que aprofundarmos o estudo de como nossos genes afetam todas as instâncias da nossa vida, você compreenderá, até certo ponto, por que herdou ou não os genes que tem. O conhecimento de si mesmo é a chave para vencer os seus genes, se você estiver preparado para isso, para então atrair a pessoa certa. A compreensão de sua constituição genética o capacitará a direcionar a atenção para o que *você* quer na vida e a afastá-la do que não quer.

A maioria dos leitores deste livro não terá uma linha direta de três ascendentes que tenham tido vidas amorosas realizadoras, a não ser que um deles tenha morrido recentemente, quando então esse tipo de configuração genética lhes atrairá outra pessoa certa igualmente perfeita para eles na idade atual ou no presente estado de desenvolvimento. Por isso, prossigamos e vejamos que tipo de genética você escolheu.

♥

Capítulo 21

Que Tipo de Genética Você Escolheu?

Você escolheu a genética que queria *antes* de nascer; e eu também. Ninguém mais pode fazer esse trabalho por você ou por mim. Os genes dominantes em nós dois foram escolhidos por nós mesmos. Por isso, temos de viver com eles, *ou então mudar o código genético indesejado!*

Escolhi os genes que me propiciariam vida longa. Meu bisavô no lado materno viveu mais de cem anos, e minha avó, também no lado materno, viveu até perto dos cem anos; minha mãe viveu saudável até os 92 anos. Esse código genético me ajudará a alcançar o meu objetivo de viver *saudavelmente* até os 143 anos. Eu também queria muita força física. Meu pai era considerado o homem mais forte da comunidade até sua morte prematura por acidente. O pai dele também deve ter tido grande força física, pois aos 19 anos eu era o campeão de lutas de todos os pesos no petroleiro em que servi como marinheiro da Marinha dos Estados Unidos. Eu vencia todas as lutas, mesmo aquelas em que os adversários eram levantadores de peso que chegavam a pesar cinqüenta ou mais quilos mais do que eu. Todas as minhas lutas terminavam em um minuto ou dois — tempo mais do que suficiente para que eu pudesse agarrar o oponente e jogá-lo ao chão. Eu já conseguia vergar pesadas barras de metal; também ensinei vários oficiais da Marinha a usar uma técnica para aumentar a massa muscular que eu aprendera e que, a propósito, me ajudou a vencer a paralisia de pólio um ano antes. Mais tarde, depois de dar baixa da Marinha, tive a oportunidade de demonstrar a meu amigo Paul Mead minha capacidade de dobrar os grossos suportes de metal dos relógios medidores do tempo de estacionamento. Ambos havíamos bebido muita cerveja naquela noite e entortar um desses suportes parecia divertido. Paul não acreditava que eu pudesse fazer aquilo e me desafiou a prová-lo.

Eu acabara de vergar o segundo relógio, transformando-o num V quase perfeito, quando um carro da polícia se aproximou; ambos fomos imediatamente presos e levados ao distrito St. Joseph do departamento de polícia de Michigan. Lá, um dos oficiais responsáveis pelo interrogatório cometeu o erro de me insultar. Eu saltei da cadeira e o derrubei com um único soco. O segundo oficial me atacou e teve o mesmo destino do primeiro. Em poucos segundos, um grupo de uns doze policiais corria de todos os lados na minha direção. Resolvi fugir pela porta da frente. Vários deles tentaram deter-me, mas consegui desvencilhar-me e saltei até o lance de escadas que dava para a rua. O grupo de oficiais me cercou e à medida que cada um se aproximava eu facilmente o derrubava. Alguns chegaram cuidadosos, brandindo cassetetes, e um deles atingiu-me no lado da cabeça. O golpe neutralizou-me consideralvelmente e eu comecei a rir do episódio todo. Eu sabia que não poderia enfrentar toda a guarnição policial por muito tempo, e por isso gritei, "Eu me rendo!" e pus as mãos ao alto, como havia visto em filmes, procurando conter o riso. Vários policiais se aproximaram de mim, me algemaram e me levaram rapidamente para uma cela. O que amenizou minha situação foi o fato de eu ser um astro do basquete local muito conhecido; por isso, o Sr. Gillespie, o delegado, me liberou sem taxas ou fiança na manhã seguinte. Enquanto esperava para ser solto, o segundo oficial aproximou-se de mim, estendeu a mão e disse, "Meus parabéns, você tem um físico excelente!"

Anos depois, esse oficial foi promovido a chefe de polícia em Buchanan, Michigan, e um dia, muitos anos depois, divertimonos muito sobre "o dia em que eu havia enfrentado toda a força policial de St. Joe". Eram os meus genes.

Outra característica presente nos meus genes, herdada do ramo germânico da minha família, foi o obstinado princípio do "agarrar-se com unhas e dentes". Ainda criança, aprendi a jamais desistir dos meus objetivos! Se persistimos, quase tudo o que imaginamos se transforma em realidade. Escolhi também alguns genes carregados de culpa; precisei de muito tempo para conscientizarme deles. Consegui superá-los depois de uma luta comigo mesmo durante um dia, graças à ajuda de um professor qualificado e experiente.

Agora você conhece alguns genes que escolhi. *Que tipo de genes você escolheu?* Quase todos os jogos que jogamos têm origem nos nossos genes; por isso, se descobriu o seu jogo, você já começa a ter condições de identificar os genes indesejados no seu corpo.

Existem vinte bilhões de ancestrais nos meus e nos seus genes, clamando para serem ouvidos. Os que gritam mais alto, ou que simplesmente o pressionam a fazer o que eles querem, pertencem às sete últimas gerações dos seus progenitores. Agora, vamos explorar esse território juntos.

❤

Capítulo 22

Estudando o seu Código Genético

Seus genes são feitos de DNA, uma forma de ácido que se transforma num arquivo espiralado de nódulos de memória embutidos em todas as nossas células humanas. Existem bilhões e bilhões desses nódulos ou genes em nossas células. Cada nódulo está vivo com a memória de sua breve experiência na forma humana enquanto reside no corpo de um dos bilhões de ancestrais que o precederam.

Num sentido, podemos dizer que esses nódulos são pequenas "cargas" elétricas. Cada um contém uma vibração ou padrão de freqüência vibratória único.

Sua memória não é uma coisa visual. Ela é uma *sensação* proveniente de um "evento no tempo" que você ou seus ancestrais experimentaram. Ela chega no seu campo de consciência primeiro como uma sensação, sendo em seguida transformada pelo setor visual do cérebro numa imagem ou figura percebida dimensionalmente. Quando você imagina uma banana amarela madura, você não está de fato vendo uma forma de banana recém-formada na área óptica do seu cérebro ou do olho interior da mente. Você vê uma forma de banana formada a partir de bananas reais que seus ancestrais e você efetivamente viram, saborearam, tocaram ou cheiraram. Toda vez que você ou seus ancestrais pegaram ou comeram uma banana, ela ficou registrada como um nódulo de memória.

Contrariando o que todos têm como certo, devo dizer que o cérebro não *pensa*. O cérebro é apenas um computador de grande capacidade. Ele só consegue processar o que foi posto dentro dele. Quando você visualiza mentalmente uma banana, seu cérebro-computador pesquisa todo o arquivo de bananas *conhecidas* no seu código genético, analisa-as todas e mostra uma banana equivalente à forma e cor que está na sua mente.

Seus genes reagem momento a momento aos impactos que você sente ao trilhar o caminho da vida. Freqüentemente, você encontrará uma pessoa por quem sente uma atração ou rejeição instantânea, e você acha que o sentimento provém da sua mente consciente, quando isso não é verdade. Ele se origina na sopa química ou nas ondas elétricas que dançam no seu cérebro. Seus genes estão lhe dizendo do que você gosta, ou do que não gosta... e o tempo todo você achava que era *você* que estava fazendo a sua própria avaliação, boa ou não tão boa, da pessoa ou situação. *Foram os seus genes que julgaram!*

É por isso que enfatizei a importância de *saber* o que os seus genes estão fazendo. Se eles estiverem lhe dizendo que o mundo "lá fora" é realmente terrível e inseguro, é melhor olhar de novo! Se eles estiverem lhe dizendo que você não encontrará ou que não pode encontrar a pessoa certa, você precisa dizer ao seu corpo, cérebro e genes o que *você* realmente quer! De outro modo, seus genes simplesmente não permitirão que a pessoa certa entre no seu campo. Eles a repelirão em vez de atraí-la. Seus genes estão apenas "fazendo o que lhes compete". É assim que eles são; eles não podem fazer outra coisa, mas *você* pode! A arte está em separar você e sua voz dos bilhões de outras vozes inseridas em seus genes que querem dominá-lo. É por isso que todos os bons instrutores lhe dirão para "parar de correr" o tempo todo. Pare e aprenda a *agir* em vez de *reagir*. Esse é o seu corpo dizendo-lhe o que fazer. Já não é tempo de você parar, *ouvir* e dizer um consciente "não" ou "sim" com base no que *você*, *neste* corpo, neste *tempo* e neste *lugar* quer dizer, fazer, pensar ou sentir? Em vez de submeter-se docilmente ao seu corpo, "vire a mesa" agora e comece a desempenhar o papel mais evoluído de mestre do seu corpo! Se eu posso fazê-lo, você também pode. Então, a pessoa certa também será uma bela mestra de si mesma e, assim, uma amante de convivência segura e agradável.

❤

Capítulo 23

Três Gerações de Amantes

Voltando às nossas *três gerações de amantes*, você pode ter certeza de que, se teve três gerações de pais, avós e bisavós que se amavam, seus genes o levarão a ser um amante também. Provavelmente, então, a pessoa certa já está compartilhando seu amor com você. Se não, esteja certo de que ela o fará, especialmente depois de ler e de pôr esse conhecimento em ação para você, pois quando você *vê* mais, *há mais!* Se ao ler até esta página do livro você já "teve a visão" e é capaz de ver a pessoa certa segurando, tocando e amando você, esse evento realizador está destinado a acontecer, e foi você que o tornou possível.

Os genes são agentes de todas as formas de evolução. Os vegetais e os animais também os possuem. Você pode usar um gene para consolidar ou imprimir a nova característica que você está desenvolvendo ou sustentando. Quando o implante em seus genes é positivo, seus filhos, os filhos de seus filhos e os demais descendentes mostrarão isso.

São necessárias apenas três gerações para formar um padrão de comportamento forte e contínuo. Por outro lado, também bastam três gerações de características negativas ou contrárias para eliminar o padrão de bom comportamento. Você pode mudar um determinado traço familiar que esteve se perpetuando por séculos ou por três gerações para introduzir um novo traço familiar forte. Uma vez profundamente arraigado, esse novo traço será um fator consciente na sua vida e na vida dos herdeiros dos seus genes.

O que você faz hoje afeta definitivamente o que os seus filhos e os filhos deles farão amanhã. Você pode introduzir uma força construtiva na sua genética ou ser responsável pela geração de uma nova linha de degenerados. Você pode ser alguém que odeia ou que ama, um vencedor ou um perdedor. Se odiar a vida, você será um perdedor, e isso provavelmente estará nos seus genes. Significa que três das sete últimas gerações na sua linha familiar odiavam a vida em vez de amá-la. No entanto, agora você tem o poder de reverter esse fluxo. Não há graça nenhuma no jogo da perda. Quando sabe que jogo está jogando, você pode decidir-se por outro jogo. Você não está tão perdido quanto parece. Vamos ver *três gerações de perdedores* e o que você pode fazer se pertencer à terceira ou quarta geração nessa linha...

♥

Capítulo 24

Três Gerações de Perdedores

T*odos admiram um vencedor!* Por outro lado, quase todos nos sentimos perdedores, porque essa sensação está profundamente arraigada em nossos genes. Bilhões de nossos ancestrais se sentiam *perdedores*, e por isso esse é um sentimento especialmente dominante em todos nós. Essa é a razão por que sentimos uma satisfação tão grande, mas fugaz, com os pequenos jogos que jogamos *e vencemos*. Ganhar é divertido, perder é deprimente.

Se escolheu uma trinca de genes perdedores, você terá de impor-se sobre eles com a determinação inabalável de ser vencedor na vida ou de penetrar no seu íntimo mais profundo para *encarar, aceitar e eliminar* esse sentimento. Ao mesmo tempo, você precisa *preencher* o espaço antes ocupado por esse gene perdedor com uma nova carga de DNA dinâmica que afirma que você é um vencedor por sua própria natureza.

Essa técnica de eliminação funciona para qualquer sentimento intenso indesejado proveniente do seu reservatório genético. Quando você sabe como e por que aceitou, conscientemente ou não, sentimentos de culpa, você debilita esses sentimentos. Foi assim que eu e outros 197 estudantes aprendemos a *encarar* nossas culpas, a *aceitá-las* e a *eliminá-las* num único e indescritível dia. Se 198 conseguiram num dia, você pode fazer o mesmo!

De fato, as sete últimas gerações de seus ascendentes contêm em si os genes mais fortes. Se vários desses ascendentes foram perdedores, cabe a você lutar para superar essa tendência genética desfavorável. O prêmio por eliminar e reprogramar-se como vencedor é óbvio. A pessoa certa também alcançará triunfante essa mesma grande vitória. Vocês dois juntos têm condições de alterar esses códigos genéticos negativos, podendo então transmitir a seus filhos e netos sentimentos de auto-estima e segurança porque esses sentimentos farão parte da estrutura genética deles.

Se você ainda não examinou atentamente o tipo de genes que domina (ou arruína) a sua vida, sugiro que faça isso agora. Descubra também os genes positivos que lhe foram transmitidos pelos seus ascendentes das sete últimas gerações. A regra é sempre *dirigir a atenção* — e assim energizar — para seus genes positivos, e *afastar a atenção* — e assim desernegizar ou desvitalizar — de seus genes negativos.

Neste último processo, como a natureza aborrece o vácuo, você simplesmente vira esse gene negativo de dentro para fora e o encobre com uma grossa camada de sentimentos positivos. Naturalmente, as camadas vão se tornando mais espessas à medida que você continua transmutando suas crenças ou atitudes numa "realidade" pessoal sempre mais luminosa! Ao penetrar profundamente em seus genes físicos, e indo ainda mais além, até o seu deus interior, você saberá inequivocamente que *é um vencedor!*

♥

Capítulo 25

Gere uma Carga Elétrica do Tipo "Estou Disponível"

Agora você está em melhores condições de atrair a pessoa certa ou de ser por ela atraído. O que se faz necessário nesta fase é o seu desejo, intensidade e entusiasmo para gerar uma carga elétrica do tipo "Estou Disponível". Talvez você já disponha de suporte genético para isso. Se esse for o caso, você estará ganhando um tempo considerável. Caso contrário, ou se sua genética lhe for desfavorável, você terá de usar uma técnica de *descentração* para contornar seus genes. Em ambos os casos, a descentração — o oposto da concentração — o leva de volta e para além do aspecto *elétrico* do universo, para a sua *fonte magnética.*

A descentração muda a sua direção, do mesmo modo que nós e nossas ciências geralmente passamos do particular ou específico para o universal ou geral. Sempre que está centrado — um estado mental sempre recomendável — você entra no mundo tridimensional e passa do geral para o específico, ou do universal para o particular. Você sabe de onde vem e para onde vai. Você também leva consigo o poder do universo, que o ajuda a realizar seus objetivos ou metas.

- Como descentrar-se? É fácil...
  Para começar, encontre um lugar onde você possa sentar-se ou deitar-se sozinho. Com a prática, você poderá fazer isso de pé, em qualquer lugar e a qualquer hora, mas no início é melhor entrar num campo de isolamento e silêncio.
- Estando sozinho, faça conscientemente os seguintes movimentos de consciência:
  - Relaxe o corpo completamente.
  - Exclua da mente todos os pensamentos, exceto o de que você está *preparado* e *disponível* para a pessoa certa.
  - Respire calma e profundamente.
  - Dirija a atenção para dentro de si mesmo, o máximo que puder. Leve-a a ocupar o espaço mais tranqüilo e aconchegante de seu ser.
  - Aprofunde mais e mais a sensação desse espaço sereno e suave.
  - Se nesse ponto você sentir alguma vibração de traumas ou de pensamentos e atividades diários passados, pare por um momento para localizar e concentrar-se nessa vibração sutil, mas irritante.
  - Mantenha a atenção nessa vibração por um momento.
  - Em seguida, imagine que sua mente tem uma tesoura grande e bem afiada; mentalmente, pegue essa tesoura e corte essa vibração pela metade, como se estivesse cortando uma tira de borracha esticada, liberando dela toda energia de "preocupação" indesejada. Sinta essa energia dispersar-se...
  - Examine então seu espaço interior e verifique se a vibração sutil desapareceu. Se isso não tiver acontecido, repita o procedimento anterior de cortar com a tesoura tantas vezes quantas sejam necessárias até sentir que não há mais vibrações tridimensionais passadas indesejadas interferindo no seu campo de espaço calmo e tranqüilo.

- Permaneça nesse espaço extraordinariamente sereno por quinze a vinte segundos. Ao mesmo tempo, *não pense.* Apenas *sinta* que você está sendo carregado eletricamente, com carga suficiente para que a pessoa certa comece a sentir seu magnetismo ou atração pessoal do tipo "Estou Disponível".
- Continue *transmitindo* essa mensagem, agora cheia de energia, para a pessoa certa. Sinta essa emissão; não se preocupe em *pensar* nela. Ponha nessa sensação toda a *alegria* que puder!
- Ao *sentir* um "clique" sutil, você saberá que teve êxito em fazer contato — esteja onde estiver na Terra a pessoa certa naquele momento.
- Conserve a agradável sensação da atmosfera desse espaço aprazível pelo tempo que lhe for possível.
- Ao final, lentamente, volte a pôr a atenção no seu campo tridimensional.

Parabéns, você conseguiu contornar seus sinais genéticos e enviou à pessoa certa uma comunicação muito intensa *de que você está disponível!*

- Repita esse exercício diariamente, com a freqüência que desejar. Recomendo que o faça pelo menos uma vez, logo antes de dormir. Vale dizer que você pode aplicar essa técnica de descentração e transmissão a tudo o que quiser. Perceba o grau de mudança, relaxamento, equilíbrio e centramento ao voltar ao seu corpo *depois da descentração!*

Ao mesmo tempo, saiba que a telepatia mental também funciona. Use tudo o que aprendeu ou aprenderá sobre a mente neste livro para transformar sua mente numa usina de força energética para você. A qualquer hora do dia, ou antes de dormir, envie uma mensagem mental à pessoa certa; indique sua localização física e diga-lhe que você a ama profundamente e que a espera de braços abertos.

Além da telepatia mental, temos também a comunicação telepática de plexo solar a plexo solar — por meio do "quarto cérebro" ou matéria cinzenta no órgão do plexo solar. No cérebro primitivo ou nível animal, esse é o "centro da sensação". É por intermédio dele que um animal se comunica com seus filhotes ou os localiza. Na espécie humana, é ele que informa a uma mãe que um filho ou filha está em grande perigo. Minha mãe sentiu e viu clarividentemente a cena de um terrível acidente de carro em que eu estava envolvido. Ela viu, inclusive, minha alma sob a forma de uma pequena nuvem que saiu do meu corpo inconsciente e pairou no ar sobre ele, como pensando se devia partir ou ficar. Ela resolveu ficar e voltou — em outra forma espiral lenta — para o meu corpo ferido e ainda inconsciente.

Para reforçar a comunicação, a cena se repetiu uma segunda vez. Minha mãe viu o carro em alta velocidade deslizar sobre o gelo, bater num muro de proteção no lado da estrada e mergulhar num barranco de cinco metros. Ela me viu lançado para fora do carro quando ele bateu no muro e o carro perseguir meu corpo ravina abaixo e parar em cima de mim. Tenho de dizer que o acidente acontecia em outro Estado, a trezentos quilômetros de distância.

A propósito, essa "visão dupla" ou repetição exata da mesma mensagem psíquica está *nos meus genes*, pois também passei pela experiência de receber informações ou avisos psíquicos visuais repetidos duas vezes com o objetivo de reforçar a mensagem.

Ao usar a telepatia mental para se comunicar com a pessoa certa, se ao mesmo tempo você sentir que sua estação transmissora do plexo solar também foi fortemente atingida, isso é sinal de que a mensagem é transmitida nos dois canais. O receptor poderá então captá-la num nível visceral, num nível mental, ou em ambos, dependendo do estado de sua consciência no momento.

O importante nesse aspecto é fazer tudo o que lhe for possível para transmitir sua mensagem ou carga elétrica do tipo "Estou Disponível" para a pessoa certa. Seus feromônios também estarão enviando sinais pelo ar, com o mesmo objetivo. Tudo está bem! Você está cada vez mais atento à sua vida consciente a cada momento.

Isso não é divertido?

❤

Capítulo 26

Como Desenvolver o Poder da sua Mente

O capítulo anterior e este — com todos os outros como fundamento — são os mais importantes deste livro. Poucas pessoas compreendem realmente o que é a mente e como ela funciona. Os cientistas deixam essa questão para o campo da psicologia, e os psicólogos em geral não aprendem como a mente humana funciona. Os raros psicólogos que têm essa compreensão não se satisfizeram com os livros didáticos e naturalmente se sobressaem no seu campo de atuação. Se você for um deles, cumprimento-o cordialmente. Você provavelmente sabe que o conhecimento não tem fim. Todo conhecimento é como uma plataforma; ficamos nele até que novos conhecimentos exijam que nos movamos para um platô maior ou "mais alto", e os platôs são infinitos...

Em primeiro lugar, a "sua mente" ou a "minha mente" é uma terminologia inadequada. De fato, existe apenas *Uma Mente*, pois mente e massa em qualquer forma universal, solar ou planetária estão inextricavelmente interligadas. Não podemos separar mente e forma, ou mente e massa ou, de modo mais pertinente, mente e corpo.

Do mesmo modo, cérebro e mente estão juntos, apesar de eles serem, de um ponto de vista químico ou elétrico, tão diferentes quanto o gelo ou o vapor. Mesmo essa analogia pode levar a conclusões errôneas, se não for examinada com maior profundidade. A água, o gelo e o vapor são compostos dos mesmos elementos, e por isso suas diferenças são vistas no seu estado de *graduação* de *solidez* ou de *liqüidez*. Da mesma forma, de outro ponto de vista, existe uma única "substância" básica de que toda massa é feita. A única diferença entre um grão de areia, nossa carne humana ou uma barra de ferro é a *pressão*, uma vez que nosso universo particular é feito à base de carbono. Podemos dizer corretamente que toda forma de matéria é, sem exceção, o seu grau de pressão; é o seu estado líquido ou sólido maior ou menor que lhe dá uma forma, peso, textura e sabor diferentes, ou qualquer outra diferença observável.

Além disso, de outra perspectiva, pode-se dizer que tudo no nosso universo é composto de um estado de luz negra ou de luz branca. Desse ponto de vista, *absorção* e *reflexão* são apenas dois princípios universais que podem medir o "estado" ou a forma de qualquer massa em qualquer dado tempo no nosso universo.

Nós, seres humanos, operamos no aspecto elétrico e químico do nosso universo. Assim, todas as "coisas", incluindo nós mesmos, devem operar num estado dual elétrico ou químico. *Atração* e *repulsão* são as forças ativas no aspecto elétrico do nosso universo, e *absorção* e *reflexão* são o aspecto químico. Assim, a faixa maior ou menor da mente que você usa pessoalmente momento a momento atrai ou repele, e o seu corpo e cérebro absorvem ou refletem.

Isso lhe dá uma boa base para compreender a mente universal ou humana. *Hu* representa Deus, e quando você combina *Hu* com homem, o resultado é humano ou forma Deus-homem.

Todo este universo é literalmente composto ou feito de *mente!* A mente não está apenas na sua cabeça, na minha cabeça, ou na cabeça da pessoa certa; a mente está em todas as cabeças. A mente envolve cada partícula, átomo, célula, órgão, membro e forma de "massa" no cosmos.

Se refletir sobre isso, você compreenderá que é essa mente universal e oniabrangente que possibilita que nos comuniquemos, de perto ou de longe. A distância não significa nada para a mente. O pensamento está instantaneamente em qualquer lugar ou em todo o lugar a que ele dirigir sua atenção. Você pode usar a mente para focalizar a Lua, uma estrela ou uma violeta que espreita no meio da relva a seus pés. Se não houvesse a unidade da mente na Lua, naquela estrela ou em torno da violeta, você não poderia estar mentalmente consciente dela.

Por outro lado, se alguma coisa interferir na sua visão mental *física* da Lua, da estrela ou da violeta ou a bloqueia, você não saberá que ela existe, a não ser que você a conhecesse mentalmente antes. Nossa percepção física depende do registro no nosso cérebro.

Como mencionei anteriormente, o cérebro é certamente a base e inspiração da construção do computador. Nosso cérebro humano é um supercomputador, mas ele não pensa. Da mesma forma, para espanto de muitos, a mente também não pensa. Tanto o cérebro como a mente executam aproximadamente a mesma função, que consiste em *registrar* informações. Seu cérebro e sua mente são ambos gravadores extraordinários. É por isso que, ao morrer, revivemos uma volta ao passado ou fazemos uma revisão de *todos* os pensamentos, sentimentos e ações realizadas durante a nossa breve vida na forma humana. Essa revisão do passado é muito vívida. *Eu a conheço por experiência pessoal!* No acidente que sofri, meus 18 anos de vida cruzaram minha mente como um raio, numa fração de segundo. Todavia, paradoxalmente, tive tempo suficiente para avaliar ou pesar *cada* pensamento, cada sentimento e cada ação vividos durante os 18 anos. Tive também a oportunidade de reviver duas existências anteriores, na antiga Índia e no antigo Egito, quando fracassei na realização da missão que me trouxera à Terra. Essa experiência certamente me fez compreender como é importante fazer aquilo que sentimos que é a nossa missão — enquanto temos a oportunidade preciosa de ter como empréstimo ou de usar nosso extraordinário corpo humano na Terra.

Sua mente é mais poderosa do que um raio *laser* — *se você aprender a direcioná-la.* A mente pode ser usada para expandir ou contrair, como um telescópio ou um microscópio. A mente está sempre em movimento, por isso você precisa aprender a controlá-la e a usá-la. O segredo é o *foco*. Quando você consegue disciplinar ou focalizar sua mente de modo completo, ela realmente se torna mais poderosa do que um raio *laser*. Sugiro que você comece imediatamente a fazer alguns exercícios de focalização mental.

Apresento a seguir o meu exercício preferido, também recomendado no meu livro *Sua Alma Gêmea Está Chamando*:

- Recolha-se a seu escritório ou quarto.
- Acenda uma vela e coloque-a no nível dos olhos, a um metro e meio ou dois de distância. Sentado confortavelmente, ou na posição de lótus, olhe fixamente para a vela.
- Fixe o olhar na ponta da chama durante o tempo que lhe for possível, sem piscar os olhos.
- Não se preocupe se inicialmente você tiver de piscar algumas vezes por dez ou quinze segundos. Apenas continue focalizado na ponta da chama.
- Pratique esse exercício de focalização duas ou três vezes por semana.

Em alguns meses, você certamente perceberá que sua acuidade e foco mental se tornaram muito mais aguçados. Trabalhei com mais de mil pessoas concentradas na mesma chama, colocada num palco, *durante uma hora inteira.* Assim, qualquer pessoa pode aprender a praticar esse exercício durante quinze minutos, bastando apenas perseverança.

O ponto importante é manter o corpo absolutamente imóvel durante todo o tempo do exercício. Se você sente que precisa mudar de posição, faça isso, mas volte imediatamente à quietude do corpo e à fixação dos olhos na ponta da chama.

Uma variação desse exercício pode ser feita em qualquer lugar e a qualquer momento. Apenas focalize com a intensidade, e pelo tempo que puder alguma coisa que esteja perto de você. Procure manter o foco limitado a uma área ou a um objeto o mais diminuto possível, pois a idéia é treinar a mente a reduzir ou a ampliar qualquer ponto do espaço que você queira. Lembre-se, a mente está em toda a parte, por isso, dispondo de um cérebro intensamente focalizado, você pode concentrar-se na mente e no corpo da pessoa certa, onde quer que ela esteja *naquele momento!*

Faça isso. Envie à sua pessoa certa o seu grande amor agora! Sua pessoa certa talvez esteja lhe enviando uma onda de amor ardente neste exato momento...

Você consegue senti-la?

♥

Capítulo 27

Sua Necessidade Básica de Auto-Aprovação

A maioria dos seres humanos sobre a Terra quer ou precisa de um sentimento contínuo de auto-aprovação. Isso se aplica especialmente às circunstâncias em que estamos centrados no ego, e não na nossa psique ou alma humana. É da natureza do ego ser inseguro. Assim, toda entidade dominada pelo ego sente necessidade de auto-apreciação e de auto-estima.

A pessoa voltada para o ego sente que existe dentro dela um enorme vazio que precisa ser preenchido constantemente. No entanto, quanto mais ela enche esse vazio, mais ela quer. Parece que nada consegue fechar esse vazio escancarado dentro dela — *e realmente nada fará isso.*

Essa situação nasce do fato de que ninguém consegue encontrar aprovação por meio de outra pessoa ou de "coisas" possuídas. Entretanto, é exatamente isso que quase todos nós fizemos durante muitos anos de nossa vida. Eu fiz isso, meus amigos e as pessoas que me amam fizeram isso, e muitos outros fizeram isso. Todos agimos assim até despertar para o fato de que o único sentimento duradouro e permanente de auto-aprovação e auto-realização só existe se tiver por base a auto-estima. Precisamos saber *quem* e o *que* realmente somos antes de poder encontrar a verdadeira auto-aprovação. Quando sabemos absolutamente que somos "deuses na carne" e não apenas "um pedaço de carne" possuído pelo governo ou pelos que detêm o controle dos governos e dos negócios do mundo, ou que não somos nosso corpo ou as nossas emoções, não precisamos ou não procuramos mais aprovação externa! Um deus envolto em resplendor e poder precisa de louvor, adoração, culto ou de promessas humanas? É claro que não!

Sua necessidade de aprovação, caso ainda a tenha, também acabará passando — como passa para todos nós — quando você começar a reconhecer sua divindade interior. É simples e rápido assim.

Num breve instante você pode ser transformado de alma pedinte, modesta, enferma e triste num ser generoso, altivo, sadio e alegre. O enorme vazio do seu ser será preenchido completamente — e definitivamente — quando você se der conta ou souber que é uma entidade de luz radiante, e não apenas uma massa de músculos, carne, sangue, veias e nervos.

Agora, em vez de procurar aprovação do eu, você usará os conhecimentos recém-adquiridos e uma atitude calma e centrada para educar outras pessoas sobre a própria e preciosa divindade delas.

Ao encontrar essa auto-aprovação extraordinária dentro do seu ser, esteja seguro de que a pessoa certa também obteve sua própria aprovação interior. Ela é um reflexo de você. A pessoa certa é o que você é!

♥

Capítulo 28

Você é Muito Maior do que o seu Corpo

Agora que você não está mais precisando nem procurando auto-aprovação em ninguém e em nada, você recuperou um poder pessoal extraordinário!

No passado, você imaginava que era o corpo. Todos precisamos passar por essa fase. A exceção acontece quando uma entidade de luz reencarna conscientemente com continuidade de consciência. Essa entidade sabe perfeitamente quem é, o que é e por que nasceu em forma humana. Um bom exemplo disso é o mestre ou avatar humano, Sai Baba, na Índia. Se você não reconhece o nome, sugiro que consiga um livro ou um vídeo sobre a vida dele. Há centenas e centenas de livros escritos sobre ele em *todas* as principais línguas. Eu particularmente já li mais de quarenta livros em inglês escritos por pessoas de todos as áreas da atividade humana, cientistas, psiquiatras e sacerdotes, etc., que o visitaram e se aconselharam com ele ou que pesquisaram sua vida e seus extraordinários milagres.

Sei de pelo menos oitenta livros escritos sobre Sai Baba em alemão, e pode haver muitos mais. O que estou querendo dizer é que Sai Baba nasceu neste corpo humano sabendo, desde o nascimento, que era um ser divino com uma missão divina. Ele sabia desde o primeiro dia de vida que era maior do que o seu corpo.

Esse conhecimento geralmente só desperta em nós quando chegamos à meia-idade... e, infelizmente, algumas pessoas chegam e partem de seu corpo humano sem conhecer seu glorioso ser divino, o que significa que estão destinadas a repetir o ciclo humano de nascimento, vida e morte pelo menos mais uma vez.

De fato, a compreensão de que você é maior do que o seu corpo se desenvolve ao longo dos anos, desde que você saiba que você *não é o seu corpo!* Saber que o seu corpo e você são duas entidades vivas muito diferentes é o primeiro grande passo. Depois disso, você também começa a compreender que o seu corpo esteve controlando praticamente todas as suas ações ou reações na vida, e que é tempo de discipliná-lo ou de "assumir o controle".

Com o passar do tempo, você descobre que o seu corpo quer insistir seguindo numa certa direção, mas como você é maior que ele, você decide agir de outra forma. Um bom exemplo disso são as pessoas com peso excessivo que comem demais. Se você *conscientemente,* é maior que o seu corpo, você se disciplina conscientemente a comer bem menos, se necessário. Naturalmente, outro motivo válido para esse peso excessivo, como mencionei em capítulo anterior, é o consumo de alimentos à base de gorduras ou de substâncias artificiais e de alimentos processados e a falta, no seu trato gastrintestinal, de microorganismos ou de "bactérias boas" que têm a tarefa de manter o seu corpo saudável, forte e criativamente produtivo... e o seu sistema imunológico em funcionamento adequado.

Na verdade, segundo Sai Baba, você só precisa ingerir alimento suficiente — uma quantidade aproximadamente correspondente ao dobro do seu punho, diariamente — para manter um corpo esguio, elegante e saudável. Naturalmente, essa quantidade não pode ser de alimentos inadequados ou processados, devendo ser colhido e comido quando está maduro e fresco e conter "bactérias boas", de preferência mais *organismos provenientes do solo*, em vez dos obtidos de leite coalhado, iogurte e de outras fontes semelhantes. Sugiro que você adquira o meu livro *Super Health*, se quiser saber mais a respeito de uma boa saúde física.

Aqui, novamente, como a pessoa certa refletirá seu estado de evolução, ela também saberá conscientemente e será muito maior que o corpo dela. Isso significa que a pessoa certa também está em processo de tornar seu corpo mais saudável e fisicamente atraente para ela mesma — *e para você!*

Você é maior que o seu corpo? Caso não o seja, use o conhecimento que obtém neste livro para *saber* que você é maior que o seu corpo! A pessoa certa gostará disso imensamente!

♥

Capítulo 29

Seu Primeiro Impulso é Compartilhar

Todos temos um profundo desejo de partilhar. Esse é, de longe, o primeiro impulso que existe dentro de nossos seres divinos. Ele chegou a nós diretamente do nosso Criador...

No começo, quando não havia espaço nem tempo como os conhecemos, o Criador ou Fonte Primeira de tudo o que existe (ou que não existe) estava só e solitário. A Fonte Primeira desenvolveu um forte desejo de compartilhar a criação com alguém igual a si mesma. Esse grande dilema se tornava cada vez maior com o passar do tempo. Finalmente, a solução apareceu. O único modo que a Primeira Criação descobriu de *partilhar* a si mesma com outro igual ou com diversos iguais foi criar entidades vivas a partir de *fragmentos* de si mesma. Essa idéia transformou-se em realidade e é o que os nossos cientistas terrenos chamam de *big bang*. Os cientistas estudaram e mediram os céus e os corpos celestes que chamamos de estrelas, ou sóis e planetas, e de galáxias, e concluíram corretamente que o universo está se expandindo.

Isso significa que deve ter havido um momento no tempo/espaço em que toda massa conhecida e desconhecida vista e mensurada em nossos céus foi compactada numa bola diminuta de massa, de dimensões ignoradas. Por alguma razão, os cientistas chegaram à conclusão de que essa massa comprimida atingiu um estado de massa crítica e explodiu, espalhando fragmentos em todas as direções. Ao longo de eons e eons de tempo, esses fragmentos aos poucos foram formando o nosso universo com órbitas estáveis de galáxias e de sistemas de estrelas. Um desses sistemas foi um sol amarelo relativamente jovem, localizado na orla da galáxia da Via Láctea e abrigando, entre outros corpos em órbita, uma esfera chamada *Terra* ocupada por entidades de luz em corpo humano, nós.

No entretempo, pela aplicação do princípio elétrico de atração/repulsão, nós, entidades de luz, fomos polarizados e "nascemos" para esta existência.

Até esse ponto, a consciência que é você e eu se uniu à Fonte Primeira. Subitamente, então, nos vimos ejetados ou arremessados para fora dessa UNIDADE, como fragmentos de deus isolados. Todos reagimos do mesmo modo. Nós nos sentimos rejeitados, ignorando que havíamos sido deliberadamente liberados como um gesto amoroso incondicional, para que pudéssemos evoluir e transformar-nos em *iguais* conscientes com o nosso Criador ou Fonte Primal.

Nesse processo, a necessidade de compartilhar, que levou a Fonte Primeira a explodir ou a fragmentar-se em infinitos "frutos" vivos, conservou esse mesmo primeiro impulso ou *necessidade de compartilhar*.

Se você seguiu esse processo na criação, você compreenderá por que tem uma necessidade tão grande de *partilhar* a si mesmo com outra pessoa, ou com todos os outros indivíduos da sua espécie na Terra. Essa necessidade se manifesta em todos os reinos da criação, mesmo no reino mineral, por meio de um processo de nivelamento giroscópico. O semelhante atrai o semelhante —

universalmente. É por isso que quando você tem excesso de riquezas ou um conhecimento novo importante, você tem uma necessidade inata natural de dividir essa riqueza ou esse conhecimento transformador com os amigos, com as pessoas que você ama, com os vizinhos ou com o mundo em geral. Isso faz parte da sua natureza primal.

É por isso também que você quer partilhar com a pessoa certa quem e o que você é na forma humana. Conclui-se então que a pessoa certa está neste momento trabalhando com esse mesmo impulso primal dentro dela. Você — como a Fonte Primeira — não está mais sozinho, pois existe mais de uma pessoa certa com quem você pode compartilhar o que você tem a oferecer. *Assim seja!*

♥

Capítulo 30

Nós Criamos a Nossa Realidade

As muitas organizações espalhadas por todo o mundo que criam e apóiam grupos de "vítimas" e que defendem os "direitos das vítimas" são motivo de surpresa. Não existem vítimas!

Todo incidente neste universo e nesta Terra, violento ou não, só acontece com a concorrência de dois ou mais elementos. De uma perspectiva universal, essa constatação recebe o nome de Princípio da Invocação e da Evocação. Uma pessoa ou grupo deve invocar e outra pessoa ou grupo deve evocar. A natureza nunca falha nesse equilibrado intercâmbio. O universo sempre mantém uma posição de estado zero constante. Um *mais* precipitará imediatamente um *menos*, e assim uma volta ao estado zero. Um acréscimo de cinco ou mais provocará simultaneamente uma diminuição de cinco ou mais para manter todo o universo na posição de estado zero.

Não é possível haver vítima sem agressor; o contrário também é verdadeiro, ou seja, não é possível haver agressor sem vítima.

Como você sempre cria a sua condição de atração ou de repulsão, você não pode ser uma vítima indefesa. Caso você já tenha sido o que geralmente se chama de vítima, *você mesmo causou esse acontecimento.* Foi o seu estado mental e físico, o seu medo ou a sua necessidade de estimulação que causaram esse assalto, estupro ou assassinato. Você invocou e o agressor evocou, do mesmo modo que a pessoa que sofre o abuso invoca o abuso com sua necessidade de maior estímulo físico, emocional ou mental. O medo contém uma carga de atração muito forte... Você pode atrair um evento pavoroso simplesmente por manter a atenção e alimentar esse medo.

Conheci uma senhora muito amável que possuía diversos Cadillacs cor-de-rosa e recebia uma elevada renda mensal. Ela era proprietária de uma luxuosa mansão na área de Mount Olímpia, em Los Angeles. Aos trinta e poucos anos, era elegante, atraente e inteligente. No entanto, seu medo de ser estuprada era obsessivo. Esse pânico aumentou muito com o aparecimento do Estrangulador de Los Angeles, que já deixara uma longa lista de "vítimas" estupradas e assassinadas na grande Los Angeles.

Quando eu a vi pela última vez, ela me confidenciou que seu medo de ser estuprada era tão grande que resolvera mudar-se para Dallas, Texas, onde construiria uma casa para ela e a filha.

Alguns meses depois, eu soube que ela fora estuprada e assassinada quando se dirigia a um *shopping center* de Dallas.

Você poderia dizer que ela foi uma vítima; quando ouvi essa triste notícia, porém, eu soube de imediato que o princípio universal entrara em ação. Foi o próprio *medo dela que criou seu estupro e assassinato.* Ela criou essa realidade ao alimentar uma idéia fixa e ao exacerbá-la com seu medo excessivo.

Como um dos meus grandes mestres ensinou a mim — e a milhares de outras pessoas — não existem vítimas. Nós sempre criamos a nossa realidade, seja ela alegre ou triste.

É por isso que incentivo todos os meus leitores e participantes de meus cursos e seminários a terem consciência do que lhes ocupa a mente ou os sentimentos a cada momento. Você mesmo cria a sua realidade, doce ou amarga! Seu livre-arbítrio é absoluto...

Crie uma boa realidade para que a pessoa certa possa usufruí-la com você.

❤

Capítulo 31

O Galanteio Começa no Primeiro Contato

A esta altura, apenas com a leitura deste livro e com a assimilação das informações recebidas, seu contato interior com a pessoa certa já começou. *O galanteio começa no primeiro contato!* Você pode examinar os pensamentos e sentimentos que nutre neste momento... sua esperança e excitação só de pensar na pessoa certa entrando na sua realidade física... e saber que ela provavelmente está pensando sobre essas mesmas coisas e sentindo os mesmos sentimentos que você. Semelhante atrai semelhante!

Entre dentro de você mesmo e observe como se sente. Seus batimentos cardíacos disparam ao pensar na pessoa certa olhando fundo em seus olhos e dizendo-lhe que o ama? Você está ansioso esperando seu toque ou seu abraço caloroso ou, talvez, forte ou delicado? Você pode imaginar como será estar com alguém que gosta do que você gosta, que respeita a sua individualidade única, que o ama "como você é"? Você suspira por dar à pessoa certa um buquê de belas flores ou um longo, sensual e ardente beijo mental? Se isso acontece, provavelmente a pessoa certa também está passando por esse mesmo galanteio mental!

Esse grande galanteio com a pessoa certa aumentará na sua realidade dimensional. Você sempre se "transforma" naquilo que *sabe*. É assim que todos nos expandimos e crescemos constantemente. Quanto mais você sabe como cortejar ou atrair a pessoa certa, mais esse "evento no tempo" torna-se real. Sua "intenção no tempo" dinâmica a invoca. O princípio universal do poder da invocação e da evocação entra imediatamente em ação em seu favor.

De outro ponto de vista, nunca será demais enfatizar ou repetir que o universo sempre se reorganiza para adaptar-se à sua imagem da realidade! O universo sempre se reajusta para acomodar-se ao seu quadro da realidade! E uma última vez por enquanto, o universo sempre se readapta para adequar-se à sua visão da realidade! Isso não é fantástico? Esse é o segredo para que você transforme tudo o que não gosta no seu mundo em algo do seu agrado... *e é desse modo que todos os deuses deveriam viver na Terra!*

Comece agora mesmo a visualizar como será cortejar ou ser cortejado pela pessoa certa, e "congele o quadro"! Caberá então a um universo que se ajusta organizar esse quadro exato (ou tão exato quanto você o conceber) neste nosso mundo material.

Imagine intensamente o que você diria ou o que a pessoa certa dirá no primeiro encontro de vocês. Imagine o que você poderá sentir no seu coração e na sua alma — e no seu corpo palpitante — quando vocês se tocarem fisicamente pela primeira vez e ambos souberem que, finalmente, encontraram a pessoa certa. Imagine como será suave e espiritualmente sublime e enriquecedor partilhar seus momentos de vida, dia após dia, com a pessoa certa... e então registrar e imprimir tudo o que você sente e pensa sobre seu contato com a pessoa certa indelevelmente na sua mente e no seu cérebro.

Lembre-se de que, do mesmo modo que uma máquina copiadora só pode reproduzir o material que é copiado, assim também tudo o que você criar corresponderá exatamente à clareza que você tiver no ato de criação. Não há como ser de outra forma. Por isso, visualize mentalmente o quadro mais perfeito e claro possível da realidade que você quer criar para si mesmo. O quadro que você fizer da pessoa certa é a realidade que você obterá, por isso faça-o bem!

❤

Capítulo 32

Você Está Preparado para a Pessoa Certa?

Se você não estiver preparado para ter uma pessoa certa na sua vida, ela sentirá essa rejeição. E como essa é uma via de mão dupla, sua pessoa certa do momento também não estará preparada para você.

Dado que existe mais de uma pessoa certa para cada um, quando você estiver preparado, a pessoa certa específica e adequada para você naquele momento do tempo também estará preparada para você.

O que impede muitas pessoas de estar preparadas para encontrar seu "alguém especial" é a falta de auto-aprovação ou de auto-estima. E existem, naturalmente, algumas raras almas que acordaram para o conhecimento de que a vida é um jogo, e que deliberadamente optam por participar do jogo de parceiros múltiplos e por continuar alimentando vários relacionamentos. Algumas dessas pessoas escolherão conscientemente jogar o jogo de parceiros múltiplos durante toda a vida; outras preferirão ter uma só dessas experiências, ou apenas umas poucas, até o momento que considerarem oportuno "estabelecer-se" com a pessoa certa.

Devido à sua natureza, os homens tendem a jogar o jogo de múltiplos parceiros mais do que as mulheres. Eles gostam de ter muitas posses, ao passo que a principal força propulsora da mulher é o amor. O homem se sente mais realizado quando tem posses em abundância, o que inclui ter uma "coleção" de mulheres, um verdadeiro harém, à sua disposição.

A mulher anseia e procura em seu meio o seu "grande amor!" Ela procura a pessoa certa, um homem que preencha sua fantasia de ser ardentemente amada por um homem perfeito. É muito provável que ela estará *sempre* preparada para seu homem certo. A mulher tende a procurar a verdadeira espiritualidade numa idade mais precoce do que o homem. Por isso, ela sente a necessidade de estar com um homem igualmente espiritual. Nas palestras e seminários que ministro pelos Estados Unidos, o número de mulheres participantes é sempre maior que o de homens. A mulher quer ser amada, e eu amei muitas na minha vida! Pessoalmente, sinto que as mulheres são muito amáveis. Elas certamente fazem com que eu me sinta feliz por ser homem.

Isso traz à tona outra razão por que algumas pessoas não estão preparadas para a pessoa certa: elas não estão suficientemente polarizadas em seu sexo. Elas não são *gays* ou lésbicas, mas sentem um pequeno desejo de manter um envolvimento sexual superficial com alguém do mesmo sexo. Neste caso, até que resolvam a questão, elas não estarão preparadas para a pessoa certa.

Para fazer com que o princípio da polaridade masculino/feminino trabalhe a seu favor, você precisa saber e sentir-se homem, se você for homem, e precisa saber e sentir-se mulher, se você for mulher. De outro modo, a carga elétrica "Estou Disponível" não será forte. A mulher realmente feminina ou o homem realmente masculino transpira feromônios, uma classe de hormônios transportados pelo ar que indicam que ela ou ele está disponível para o sexo oposto.

Quando estiver pessoalmente preparado para a pessoa certa, você transpirará quantidades abundantes de feromônios que conduzirão a pessoa certa até você. Ao mesmo tempo, a pessoa certa estará fazendo o mesmo e o estará atraindo a ela. É assim que a natureza funciona!

Você está preparado para a pessoa certa?

♥

Capítulo 33

A Crise dos Sete Anos

Uma boa pesquisa mostraria que grande parte dos divórcios ocorre em torno do sétimo ao oitavo ano de vida conjugal. É nesse período também que os parceiros reagem à "crise dos sete anos" e buscam novos estímulos com um parceiro fora do casamento.

Esse fenômeno acontece mais na cultura moderna ou ocidental, e neste momento da História, quando a maioria dos nossos relacionamentos se dá num ciclo de sete anos.

Isso não significa que sejam necessários sete anos para sentirmos o impulso para um envolvimento fora do matrimônio. Esse estímulo geralmente ocorre depois de três ou quatro anos de relacionamento e pode afetar até mesmo um casamento aparentemente estável. Daí em diante, são necessários mais três ou quatro anos de insatisfação conjugal para que haja o divórcio ou o rompimento da relação.

Um componente da equação são as regras religiosas que proíbem o divórcio; quando esse fator não existe, o relacionamento ou casamento se dissolve naturalmente quando um dos parceiros está pronto para seguir seu próprio caminho. Isso acontece porque nossa *genética* nos impeliu para a relação e simplesmente não dispõe de carga suficiente para sustentá-la a vida inteira.

É por esse motivo que me esforcei para fazer com que você compreenda a sua genética, conheça as formas e meios de impor-se aos seus códigos de DNA e saiba que você *é maior que o seu corpo!* Você e a pessoa certa podem compreender a origem desse estímulo importuno e perturbador e podem resolver conscientemente mantê-lo sob controle.

Você pode carregar sua genética com uma carga elétrica suficientemente forte, de modo a sustentar um relacionamento ou um casamento duradouro, enriquecedor e por toda a vida. Quando, e se, a crise se manifestar, você pode controlá-la, sabendo de onde ela vem e tendo consciência de que o seu amor e confiança mutuamente conhecidos e partilhados com a pessoa certa são muito mais preciosos para você. Ao mesmo tempo, a pessoa certa, estando no mesmo nível de autoconhecimento e de autocontrole que o seu, estará reagindo à crise dos sete anos exatamente como você. A pessoa mais "altamente" ou mais plenamente desenvolvida, que sente mais sensualidade no seu corpo, não precisa ser *sexy*, mesmo quando ocorre um estímulo sexual. Ao tomar nas mãos o destino da sua vida, você passa a estar atento também ao seu maravilhoso corpo. Sua genética deixa então de ser o fator controlador de suas experiências de vida; você existe! Seu conhecimento — *quando usado* — o liberta!

Quando vocês sabem que existe essa crise dos sete anos, ambos podem preparar-se para ela, tendo então condições de optar conscientemente por superá-la e continuar com seu apaixonado e sempre crescente amor um pelo outro.

♥

Capítulo 34

Por que Definir-se por um Parceiro Menos do que Perfeito?

Como mencionei anteriormente, existem mais de seis bilhões de habitantes humanos neste nosso precioso jardim verde, nesta nossa Terra azul — uma verdadeira pedra preciosa nos céus. Há homens e mulheres em número suficiente para todos. Você pode dispor de muitos parceiros — todos eles certos ou perfeitos para você, se quiser. Por isso, por que pensar em fixar-se em alguém menos do que perfeito?

Muitos casamentos atuais são feitos às pressas, no desespero de cativar um parceiro em idade ainda precoce. Um casamento nesses moldes pode transformar-se em desentendimento irreversível em questão de dias, se não de horas, depois da cerimônia nupcial. Quando isso acontece, e se o casal não se separa ou divorcia, ambos sofrem as conseqüências de uma decisão equívoca devido a crenças religiosas ou a costumes sociais. E quando surgem os filhos, esses são jogados num mar de infelicidade, em vez de respirarem uma atmosfera familiar calorosa, segura e amorosa. Quem precisa disso?

Não há por que ter pressa. Quando você se centra, você sabe que dispõe de todo o tempo do mundo. A pessoa centrada em sua alma tem muito tempo. A pessoa centrada no ego insiste que tudo deve ser feito às pressas. Que tipo é você?

Lembre-se, quando você *conhece o seu jogo*, pode jogá-lo pelo tempo e do modo que quiser. Seu ego não está envolvido. Você joga pelo prazer de jogar, pela alegria que o jogo lhe proporciona!

A esta altura, você precisa saber que realmente existe uma pessoa certa absolutamente perfeita para você e que vale a pena esperar pelo tempo certo para compartilhar com ela a sua vida. Definir-se por menos é como "vender a alma"!

Reflita sobre isso: Você gostaria que a pessoa certa se definisse por menos do que você? É claro que não! Se aprendeu a amar a si mesmo, você só aceitará a pessoa certa na sua vida... ninguém deveria concordar com menos!

♥

Capítulo 35

Cultive a Vulnerabilidade e a Intimidade

Ninguém pode amar plenamente até "engalfinhar-se" com a vulnerabilidade da pessoa amada e poder, assim, tornar-se totalmente íntima dela. Por isso, no processo de busca de um matrimônio ou de um relacionamento perfeito com a pessoa certa, precisamos cultivar conscientemente a nossa vulnerabilidade.

Sentimo-nos vulneráveis só porque nos escondemos de nossa verdadeira identidade divina. Tememos que os outros vejam quem e o que somos. Também nos sentimos vulneráveis quando acreditamos que não merecemos a atenção, a amizade ou o amor que os outros nos oferecem. Nós sonhamos que, se as pessoas se aproximarem muito de nós, elas descobrirão nossa inadequação e, conseqüentemente, nos abandonarão. Se as pessoas que amamos ou nossos amigos (ou mesmo familiares) souberem o que realmente pensamos ou sentimos, talvez eles nos rejeitem, e por isso nos escondemos atrás de uma compacta muralha de insegurança.

Se você está realmente preparado e quer que a pessoa certa passe a fazer parte da sua vida, comece a trabalhar neste mesmo instante para ser cada vez mais vulnerável...

Isso significa que você precisa ousar expor o que você pensa, sente, e quem e o que você é, cada vez mais. Comece com pequenas coisas, até chegar ao que você considera suas imperfeições ou "faltas" mais graves. O paradoxo, porém, é que ao derrubar mesmo um pequeno muro, você fica mais exposto, o que o faz sentir-se ainda mais vulnerável. No entanto, você pode fazer isso! Você é maior que o seu corpo, os seus genes ou as suas emoções! O processo de atravessar "a sarça ardente" vale a pena, pois no fim você realmente será capaz de ser amado e de dar amor muito além de suas fantasias mais extravagantes!

Pense como será bom quando você puder ser totalmente "você mesmo" em toda e qualquer circunstância ou relacionamento com alguém ou com alguma coisa, inclusive com a pessoa certa. Você consegue imaginar isso?

Eu posso lhe dizer por experiência pessoal que é maravilhoso. Você não precisa mais jogar os monótonos e enfadonhos jogos sociais que jogava antes... pois o que a pessoa vê, é *isso mesmo que ela obtém!* Você é você, e não o que a sociedade diz que você deve ser, ou o que a sua família, grupo religioso, amigos, sócios, colegas de trabalho ou amantes determinam. Você pode tirar todos os disfarces ou "máscaras" que precisou usar para impedir que os outros soubessem quem e o que você realmente era. Você recuperou sua dignidade humana, seu imenso poder pessoal. Você é o imperador ou a imperatriz do seu reino e tem domínio total sobre todo o seu território. O universo assume sua posição e aguarda para implementar toda aventura de vida estimulante que você queira iniciar no momento seguinte. E tudo porque você tomou o tempo consciente e o esforço consciente para encarar, abraçar e eliminar sua vulnerabilidade e substituí-la por uma habilidade salutar de ser autenticamente, intimamente *você mesmo!*

Antes, praticamente todas as suas experiências de vida eram resultado da sua constituição biológica, da sua genética. Você não conseguia viver o verdadeiro amor em profundidade simplesmente porque seus genes não lhe propiciavam um relacionamento amoroso profundo e sustentador.

Depois de transcender sua vulnerabilidade, tornando-se assim profundamente íntimo de si mesmo e de outras pessoas, você sentirá e levará consigo uma vibração muito suave. Sentirá e saboreará esse eu suave que você tão dolorosamente desenterrou e que agora tanto ama. Essa experiência assemelha-se à da ostra ao ser irritada por um grão de areia. O resultado é uma pérola reluzente de beleza indizível! O *eu* que você expôs ao derrubar os muros ou descerrar os véus que o encobriam é mais brilhante que mil sóis e dez mil vezes mais belo que a reluzente pérola branca ou cor-de-rosa.

Você só será realmente capaz de tocar e sentir a profundidade do amor na pessoa certa quando tiver se tornado intimamente você mesmo pela superação de suas vulnerabilidades.

Chegou o tempo de superar a massa de neurônios que funciona à parte das "descargas" elétricas e químicas. O motivo que você tem para isso é ser capaz de usufruir a vida com a pessoa certa até as profundezas ou as alturas do seu ser. Quando conseguir retirar seus véus ou derrubar seus muros de vulnerabilidade, você ousará ser tão íntimo quanto quiser com a pessoa certa.

Reserve tempo para conhecer e sentir essa profunda sensação de suavidade no seu corpo e na sua alma. Ouse ser vulnerável! Ouse despir-se física e espiritualmente...

Uma das coisas boas que acontecem quando duas pessoas tomam a decisão de "dormir juntas" ou de praticar sexo é que pelo menos elas vivem a experiência de ousar expor um corpo nu.

Essa ousadia dá à pessoa a coragem de aproveitar outras oportunidades para revelar ou expor outras vulnerabilidades pessoais mesmo que a relação sexual ou o envolvimento fortuito tenha sido decepcionante.

Enquanto isso, enquanto você encara e procura expor-se cada vez mais, sua pessoa certa também passa por desafios semelhantes, pois ela é um reflexo de você mesmo.

❤

Capítulo 36

A Pessoa Certa é o Reflexo Perfeito de Você Mesmo

Reserve algum tempo para olhar tanto num espelho físico como no seu espelho mental. Você gosta do que vê refletido ali? É com esse reflexo que a pessoa certa fundirá a sua vida e o seu corpo.

A pessoa certa é sempre um reflexo perfeito de você mesmo! Ela terá freqüência seis se você tiver freqüência seis. Se ela tiver a freqüência 220, você terá a freqüência 220.

O que eu quero deixar claro é que todos temos uma freqüência vibratória. Nenhuma freqüência do que quer que seja é exatamente igual a outra. Mesmo um único grão de areia em todas as praias de todos os oceanos, mares, rios e lagos da Terra é diferente de qualquer outro. As facetas ou faces de cada um sofrem as influências do clima ou da erosão de modo diferente. Apesar disso, um grão de areia sempre fará um movimento giroscópico para estar com outro grão. Na natureza, cada família, em toda a sua singularidade, contrai parentesco e se associa com outros membros da família; as famílias do reino mineral não são exceção. É por isso que o ouro encontra e se liga ao ouro, o cobre ao cobre, a prata à prata, e assim por diante.

Durante uma caminhada que fiz sozinho por uma trilha montanhosa de 4.000 anos que terminava na praia de Kauai, no Havaí, encontrei uma paisagem fantástica. Eu atravessei um campo de rochas, maiores que casas e incontáveis em número, que haviam deslizado juntas para a praia. Abruptamente, deparei-me com outro campo de rochas que se estendia por centenas de metros, todas com um terço do tamanho das anteriores. Depois de percorrer esse campo, e para meu espanto, topei com outra área nitidamente demarcada de pedras menores, de tamanho bem reduzido, seguida por sua vez por várias centenas de metros de *pedregulho* que também terminavam abruptamente na larga praia de areias douradas. Para mim, um furacão ou outra força colossal da natureza havia "graduado" todos esses campos, dispondo tamanhos iguais com tamanhos iguais. Fiquei fascinado com essa descoberta extraordinária. Entretanto, o fascínio se transformou em espanto e muita decepção alguns anos mais tarde, quando voltei ao "Vale da Tribo Perdida", como era chamado, e outro formidável furacão havia varrido a área, lançando todos aqueles enormes campos de rochas em outro lugar — talvez no mar — pois haviam desaparecido completamente, deixando no seu lugar uma extensa, larga e bela praia.

O princípio é este: "O semelhante atrai o semelhante." Você e a pessoa certa são singularmente diferentes; todavia, ela é a *imagem reflexa* mais próxima possível de você em qualquer dado momento do tempo!

Se você não gosta do que vê no seu espelho físico ou no espelho mental do seu eu, *mude isso.* Como regra principal, você verá e amará o que a pessoa certa vê e ama. Quando você ama a si mesmo, a pessoa certa também amará a si mesma! Esse é mais um bom motivo para empenhar-se em sentir e alimentar o seu sentimento de auto-aprovação e de auto-estima.

Como você ama a si mesmo? Em primeiro lugar e acima de tudo, aprenda a saber que você é um deus em carne humana. Todos os *deuses* são amáveis. Em segundo lugar, a partir deste momento, comece a sentir, a pensar e a fazer coisas amorosas para você mesmo. Se você realmente não pode amar outra pessoa enquanto não amar a si mesmo, então faça o que o torna um ser amável. Seja amável, não apenas para com todas as pessoas que você encontra na incrível estrada da vida; seja amável também para si mesmo.

Por exemplo, se amar o seu corpo, você cuidará dele amorosamente. Se o apetite e a genética do seu corpo pedirem alimentos inadequados ou processados, bebidas fortes e cigarros, amando o seu corpo você lhe negará todos esses excessos. Sua determinação resoluta nesse sentido diz mais do que mil palavras. Ela diz que você ama o seu corpo.

Você pode mudar esse "padrão" ou medida do seu amor para aplicá-lo a tudo o que quiser. Se você ama uma pessoa, quer ficar perto dela. Estar perto da pessoa amada é, então, um ato amável. Esse ato é uma "afirmação" visível muito mais eloqüente do que a simples emissão das palavras "Eu te amo!"

Quando ama as pessoas ou uma pessoa certa, você não só lhes diz que as ama, mas demonstra seu amor por meio das ações que realiza ou deixa de realizar.

É difícil não ser amável. Não é natural não ser amável. Ser um deus amável em forma humana é fácil, pois esse é o seu estado primeiro e natural.

A pessoa que você vê no espelho (ou nos espelhos) da vida é a pessoa certa que no momento está preparada para fazer parte da sua vida. Ela é a pessoa idealmente perfeita para você? Se não for assim, você não pode mudá-la; você só pode mudar a si mesmo. Posso oferecer-lhe um acordo *por escrito* relacionado com isso! Só você pode concordar em mudar a si mesmo, e só você pode fazer isso! Visualize a imagem em que você quer *transformar-se* e deixe que o universo se *reorganize para adaptar-se a essa imagem!*

❤

Capítulo 37

Os Iguais se Juntam a seus Iguais

Quando a Fonte Primeira ou o Criador de tudo o que existe decidiu criar-nos, sua intenção era que involuíssemos até o vazio mais tenebroso da matéria e que daí, por um processo de evolução, retornássemos e nos "diplomássemos" na escola da Terra COMO IGUAIS, não como inferiores. Não é divertido jogar ou misturar-se socialmente com os que, de alguma forma, obviamente são inferiores. Você e eu somos "deuses adormecidos" que, quando plenamente despertos, podemos manifestar-nos e assumir o controle do nosso reino pessoal! Por isso, sendo deus, por que aceitar viver o resto da sua vida na Terra, em forma humana, com um deus que não está plenamente desperto para a sua realidade divina?

Os *Mestres* andam com os *Mestres*. Isso acontece porque eles respeitam e amam seus iguais. Também vemos isso em quase todos os campos ou esferas da vida humana. Os que se tornam chefes de Estado andam com chefes de Estado; o altos executivos andam com seus pares; o líderes políticos reúnem-se com seus iguais. A lista é infinita. Em resumo: iguais andam com seus iguais!

A própria natureza separa as pessoas com quem nos associamos pela lei primal de atração e repulsão. O grupo de seres humanos que caminham em direção à luz, que se ajudam uns aos outros e aos que os cercam, são naturalmente atraídos uns aos outros e repelidos por aqueles que optam pelo caminho das trevas, enquanto os que seguem este caminho, desprezando-se uns aos outros e aos que os rodeiam, atraem-se mutuamente e são repelidos pelos que seguem em direção à luz. Isso explica por que os criminosos, ou os de "nível inferior" na família humana, andam juntos, e por que os da "elite" da nossa família humana não se misturam.

É quase desnecessário dizer que os iguais gostam de ter seus iguais por perto. Por isso, na sua busca da pessoa certa, procure-a entre seus iguais. As companhias com que você anda podem ajudá-lo a progredir ou a regredir.

Isso se aplica também aos encontros sexuais. Se você for um 10 e seu parceiro for um 4, ele subirá para 7 e você descerá para 7, permanecendo como tal enquanto vocês continuarem trocando fluidos e "campos sexuais" entre si.

Aos poucos, com o tempo, você poderá voltar a ser um 10 ou, então, passar uma noite com alguém que seja um 10, o que o faria subir para 8,5, mas forçando seu novo e desventurado parceiro sexual a descer para 8,5.

Sempre que se encontra com uma pessoa, lugar ou coisa, você "equilibra" a diferença que existe entre você e essa pessoa, lugar ou coisa. Foi isso que me levou a escrever um dos meus últimos livros, *A Sala Mental dos Espelhos*. Entrando mentalmente numa sala com espelhos em todos os lados, inclusive no teto e no soalho, você cria uma situação reflexa "primal" em que pode quebrar mentalmente os espelhos do passado e recuperar a essência que você cedeu em cada encontro com os pais, com a pessoa amada, com um amigo ou com alguma outra pessoa de suas relações no passado.

O processo inverso também funciona nessa "sala mental de espelhos" onde você pode liberar a essência, que agora leva consigo, de seus encontros com essas pessoas no passado. Você pode inclusive destruir todos os intermináveis espelhos que vê distribuídos indefinidamente em sua mente e chegar a uma liberação quase orgásmica de todo o lixo que carrega. Ao voltar ao "mundo real", você se sente como uma moeda de ouro que acabou de ser cunhada, ou ainda melhor!

Seu corpo, sua mente, seu espírito... Você pode fazer o que quiser com eles. Uma pessoa prudente certamente optará por andar com um igual. Isso se aplica também à pessoa certa — *tenha uma igual.*

♥

Capítulo 38

O Casamento dos seus Sonhos é Possível

Não há nenhum problema em olhar para o passado, *desde que você não se fixe nele!* Olhando para o meu passado, fico muito feliz em ver dois irmãos mais velhos e uma irmã vivendo casamentos ideais. Um deles, até que minha cunhada morresse, poderia ser facilmente classificado como um casamento com a pessoa certa ou de "almas gêmeas". O casamento idílico entre minha irmã e seu marido foi "um casamento de sonho", todos os dias, até o fim, que sobreveio com a morte de Ben.

Essa realidade preparou o ambiente para mim; eu sabia de antemão que "casamentos celestiais" eram possíveis, e a vida matrimonial dos meus irmãos se impôs como um modelo para os meus casamentos futuros. (Observe, por favor, a letra "s" nas duas últimas palavras.) Desde então, passei por mais de um casamento com essas características! Existe mais de uma pessoa certa. Sei disso por experiência própria.

Entretanto, contemplando o panorama do mundo — principalmente do nosso mundo ocidental "moderno" — o número de casamentos equivocados obviamente ultrapassa o de casamentos harmoniosos, numa proporção de quatro para um, pelo menos.

Os casamentos dos sonhos parecem constituir uma porcentagem mínima.

Isso é triste. Eu preferiria ver casamentos de sonho para quase todos e muito poucos casamentos equivocados, se esses fossem inevitáveis. É por isso que dediquei meus dois *best-sellers* sobre a alma gêmea — e também este volume — para advertir e orientar outros membros da família humana no sentido de criarem ou encontrar o casamento de seus sonhos, como eu — mais de uma vez! Algum dia, talvez, você possa ler sobre isso na minha autobiografia — *Autobiography of an Immortal* — da qual já escrevi umas 400 páginas.

É possível um casamento de sonho para você e para a sua pessoa certa. De fato, como vimos anteriormente, isso é perfeitamente possível simplesmente porque *você se transforma naquilo em que coloca a sua atenção.*

Um casamento de sonho com a pessoa certa é sublime, para dizer o mínimo. Imagine estar perto de uma pessoa que é seu igual e que o ama e valoriza tanto quanto você a ama e valoriza! Imagine você podendo ser totalmente você mesmo! Que sensação de liberdade de vôo você pode sentir em sua alma! Que arrepio, que fluxo abrasador percorre o seu corpo! Que felicidade estar vivo!

Um casamento de sonho vai além das nossas fantasias! É um prazer extraordinário passear de mãos dadas, caminhar com corações exultantes pelos bosques ou pelas areias de uma praia tropical, ou pelas trilhas ou estradas silenciosas e tão agradáveis do interior, ao cair da tarde, com a pessoa certa.

Num casamento de sonho, os dois se unem em corpo e alma como um só. Ambos podem seguir diferentes vocações ou diferentes campos de interesse, mas o principal empenho dos dois é sempre criar um destino cheio de realizações juntos! Juntos, vocês podem planejar e realizar viagens maravilhosas a países estrangeiros exóticos! Juntos, vocês podem sonhar o sonho que quiserem. E quando dois se unem como um em pensamento, o objetivo se transforma rapidamente em realidade!

Há sempre um campo sonoro ou uma aura de alegria envolvendo um casamento de sonhos! Um casamento de sonho mantém os parceiros mais saudáveis, mais jovens e muito mais alegres que o normal.

Um dos princípios que aceleram o seu movimento em direção à concretização de um casamento de sonho com a pessoa certa é a energia de ambos no sentido de querer que isso aconteça. Ponha o meu nome na lista, e você terá não um, nem dois, mas três espíritos humanos sonhando *em alcançar o mesmo objetivo glorioso de um casamento* com a pessoa certa!

Isso significa que o *cubo* de 3, ou *o poder de nove pessoas*, está agora em ação para rapidamente transformar o seu casamento de sonho em realidade! Três vezes três são nove. Você, a pessoa certa e eu... Nós três! Nós nove!

E, como meu endereço postal consta deste livro, escreva-me dando notícias. Compartilharei com você sua alegria de estar com a pessoa certa. Faço votos que isso aconteça em breve, muito breve!

♥

Capítulo 39

Existe mais de uma Pessoa Certa

Esta foi uma jornada mental agradável com você! Espero que você também tenha gostado. Em caso afirmativo, partilhe esse conhecimento com as pessoas que dele necessitam.

Só tenho mais uma palavra final, e esta consiste em reforçar o que o título deste livro vem dizendo desde o começo da nossa caminhada: *Existe mais de uma pessoa certa! Você pode encontrá-la!*

A pessoa certa está esperando, ansiando, suspirando, se não consumindo-se para estar com você agora. Existe uma pessoa certa para você, do mesmo modo que existe uma pessoa certa na minha vida neste momento. Temos um filho de seis anos, John Mathew Michael!

Lute por ela!

Estarei esperando notícias suas, pedindo ao universo que abençoe você e sua pessoa certa *ao longo da jornada plena de realizações.*

O COMEÇO

♥

Apêndice

Meu objetivo ao escrever este livro foi orientá-lo ou ajudá-lo a materializar a pessoa certa na sua vida. Alguns necessitarão apenas de algumas horas ou dias depois da leitura para que isso aconteça, pois estarão tão carregados e emitirão tantos feromônios que a pessoa certa correrá para seus braços abertos. *Esses estão preparados para a pessoa certa.* Outros precisarão de mais tempo; semanas, meses, anos ou talvez décadas, pois os dois, eles e a sua pessoa certa, podem ter definido juntos o momento apropriado para esse encontro antes de assumir uma encarnação humana. Apenas, se é isso o que você realmente quer, assegure-se de usar os passos e as várias técnicas descritas neste livro para *fazer com que isso aconteça!* Você cria o seu próprio destino por meio do que faz ou do que deixa de fazer. Agora, você está "plenamente equipado" e, espero, "carregado" para alcançar seu objetivo.

Repito. Por favor, escreva-me dizendo que a pessoa certa está na sua vida. Se essa for uma de minhas traduções internacionais, esclareço que só leio inglês; por isso, escreva-me nessa língua. Obrigado. Luz, amor, alegria, saúde e riqueza inesgotáveis! *O universo está aqui para servi-lo! E eu também!*

Meu endereço é: Russ Michael, P.O. Box 654, Virginia Beach, Virginia 23451, U.S.A.

P.S.: Espero que você consiga e leia alguns dos meus outros livros...

MICHAEL

Bibliografia

Algumas Outras Fontes de Grande Conhecimento

The Phillip Material, Celebration of Self, P.O. Box 65870, Tucson, AZ; (520)577-8635, *Joyriding the Universe*, Livro e Boletim informativo e centenas de cassetes com muitas informações.

The Seth Material, Jane Roberts — várias editoras.

Light Speed (boletim gratuito), Earth Mission Publishing, P.O. Box 950 #0432 Kihei, HI 96753; 808-874-5653. Muitos cassetes, videotapes, livros e cursos.

ALICE A. BAILEY, livros de, Lucis Trust, Nova York, Londres.

A Treatise On Cosmic Fire, Alice A. Bailey, Lucis Trust, Nova York, Londres.

The Secret Doctrine, Madame Blavatsky. [*A Doutrina Secreta* — 6 vols., publicado pela Editora Pensamento, São Paulo, 1980.]

Isis Unveiled, Madame Blavatsky. [*Ísis sem Véu* — 4 vols., publicado pela Editora Pensamento, São Paulo, 1990.]

Ramtha, Ramtha, Sovereignty. Inc., Box 926, Eastsound, WA 98245.

The Starseed Transmissions, Ken Carey, Uni*Sun, P.O. Box 25421, Kansas City, MO 64119. [*Transmissões da Estrela-Semente*, publicado pela Editora Cultrix, São Paulo, 1988.]

Vision, Ken Carey, Uni*Sun, P.O. Box 25421, Kansas City, MO 64119. [*Visão*, publicado pela Editora Cultrix, São Paulo, 1988.]

Universal Truths, Wayne e Wanda Cook, P.O. Box 2449, Prescott, AZ 86302; 602-778-5039.

The Secret Of Light, Walter Russell, W.R. Foundation, Swannanoah, Waynesboro, VA.

Far Journeys, Robert Monroe, Doubleday.

2150 A.D., Thea Alexander, Macro Society, P.O. Box 26582, Tempe, AZ 85282; 602-991-2229.

Autobiography of a Yogi, Yogananda, Self-Realization Fellowship, 3880 San Rafael Avenue, Los Angeles, CA 90065.

EDGAR CAYCE, os livros de editoras e autores diversos, além da Association for Research and Enlightenment, Virginia Beach, VA 23451.

Mysteries, Ancient & Modern, Sai Grafio, Sterling Publishers, Índia.

Psychic Power & Soul Consciousness, Korra Deaver, Ph.D., Hunter House, Alameda, CA.

Livros do Dr. Russ Michael

Russ Michael, *Finding Your Soulmate*, Samuel Weiser, Inc., 1992. [*Como Encontrar sua Alma Gêmea*, publicado pela Editora Pensamento, São Paulo, 1995.]

Russ Michael, *Your Soulmate Is Calling*, New Dawn Publishing, 1997. [*Sua Alma Gêmea está Chamando*, publicado pela Editora Pensamento, São Paulo, 1998.]

Russ Michael, *Zone of the Dead*, Russ Michael Books, 1998.

Russ Michael, *The Birth of Earth as a Star*, Russ Michael Books, 1998.

Russ Michael, *Mental Room of Mirrors — Self-Therapy Technique*, Russ Michael Books, 1998. [*A Sala Mental dos Espelhos*, publicado pela Editora Pensamento, São Paulo, 1998.]

Russ Michael, *Soil-Based Organisms — The Key to Super Health*, Russ Michael Books, 1998.

Russ Michael, *When GOD Speaks, I Listen*, Russ Michael Books, 1998.

Russ Michael, *Universal Principles, Book 1*, Russ Michael Books, 1998.

Russ Michael, *Universal Principles, Book 2*, Russ Michael Books, 1998.

Russ Michael, *Universal Principles, Book 3*, Russ Michael Books, 1998.

OBSERVAÇÃO: Esteja atento para outros livros publicados recentemente. Doze livros com direitos autorais de Russ Michael atualmente esgotados podem ser publicados em breve em novas edições. *Alguns já tiveram várias reimpressões.*

SUA ALMA GÊMEA ESTÁ CHAMANDO

Michael

Este sentimento é geral
e não tem uma explicação
racional. Mas você sabe que
em algum lugar, neste exato
momento, alguém muito especial,
sua alma gêmea, espera e chama
por você. E você ouve, não sabe
como, uma mensagem que
na essência diz: "Onde está você?",
"Estou esperando por você",
"Eu quero você!"

EDITORA PENSAMENTO

O ENIGMA DAS ALMAS GÊMEAS

♥

Se você perguntar às pessoas o que elas entendem por companheiro ideal ou alma gêmea, a maioria delas responderá que é a pessoa que as faz sentir-se completas, perfeitamente felizes. Para os que acreditam em reencarnação, esse companheiro ideal será alguém com quem já partilharam outras vidas, quase certamente como amantes.

Mas, embora isso possa ser verdade, depois de vinte anos pesquisando sobre relacionamentos kármicos, Judy Hall, autora deste *O Enigma das Almas Gêmeas*, se sente suficientemente autorizada a afirmar que esse problema não pode ser resolvido de maneira tão simples.

Uma definição melhor para esse companheiro ideal pode ser a de um parceiro de alma que nos ajude a crescer. Esse crescimento pode conter algumas lições muito duras. Na verdade, o companheiro ideal pode ser a pessoa junto à qual atravessamos o inferno – não como um castigo, mas como um processo de aprendizado

Usando um grande número de exemplos extraídos do seu trabalho como astróloga e de suas próprias regressões a vidas passadas, Judy Hall analisa neste seu novo livro diferentes facetas da experiência com esses companheiros ideais, analisando inclusive temas relacionados com o amor kármico, os triângulos amorosos, as almas gêmeas e advertindo: O companheiro ideal nem sempre é quem você espera.

EDITORA PENSAMENTO

A Sala Mental dos Espelhos – Uma Nova Técnica de Autoterapia, de Michael, oferece-lhe muita aventura em outras dimensões do seu eu. As principais perguntas a que ele responde são as seguintes: Quantos fragmentos de outras pessoas você carrega consigo o tempo todo, como um peso do qual você precisa se desvencilhar? Em contrapartida, quantos fragmentos de você andam perdidos por aí, integrando a personalidade de outras pessoas?

Na verdade, quando você se afasta das pessoas com as quais entra em contato, você carrega consigo fragmentos pequenos ou grandes delas, dependendo da força do impacto que cada novo conhecimento causou em você. Toda pessoa que você "tocou" ou que "tocou" em você de algum modo se agarra a você como a limalha de ferro se agarra ao ímã.

O objetivo deste novo livro do autor de *Sua Alma Gêmea Está Chamando* e de *Como Encontrar sua Alma Gêmea* é oferecer-lhe instrumentos e técnicas eficazes para restaurar a sua integridade, despojando-o de tudo o que não é você.

"*Se você se despojar de tudo o que não é você* – afirma o autor – *a ostra cinzenta se desvanecerá e a pérola reluzente do seu eu puro e não-adulterado surgirá, leve e clara, outra vez.*"

Michael

A SALA MENTAL DOS ESPELHOS

Uma Nova Técnica de Autoterapia

EDITORA PENSAMENTO